200 x nachgefragt
Lebensläufe
deutschsprachiger Lyriker

Reihe
Hymnologischer
Studien

Bibliografische Information der Deutschen Nationalbibliothek
Die Deutsche Nationalbibliothek verzeichnet diese Publikation in der Deutschen Nationalbibliografie; detaillierte bibliografische Daten sind im Internet über **dnb.dnb.de** abrufbar.

Herstellung:
BoD – Books on Demand, Norderstedt

ISBN: 978-3-7534-4464-2

200 x nachgefragt
Lebensläufe
deutschsprachiger Lyriker

für ein Lexikon geistlicher Lieddichter
deutscher Sprache aus sechs Jahrhunderten

recherchiert und herausgegeben
von Joachim Scherf

*Reihe
Hymnologischer
Studien*

Eigenverlag, 2021

Meiner Vaterstadt Wiesbaden

in Dankbarkeit gewidmet

Vorwort

Die hiermit vorgelegte Sammlung von Lebensläufen geistlicher Lieddichter, Lied-übersetzer, Lyriker sowie Textautoren des Neuen deutschen Lieds stellt eine Vorab-veröffentlichung eines geplanten Lexikons deutscher geistlicher Lieddichter dar. Die Lebensbeschreibungen beruhen auf eigenen Recherchen, die – zumindest, soweit sie zeitgenössische Autoren betreffen – in der Regel unter Mitwirkung der beschriebenen Autoren entstanden sind.

Zusätzlich wurden einschlägige hymnologische Standardwerke, wie beispielsweise das *Wer ist wer im Gesangbuch*[1] herangezogen und online verfügbare Quellen aus-geschöpft. Dass ich neben der Onlinepräsenz der Deutschen Biographie[2] und dem Kalliope-Verbund[3] auch WIKIPEDIA[4] herangezogen habe, möchte ich kurz begründen.

Selbstredend sind die frei verfügbaren Lexikon-Einträge, seien sie aus dem 16. Jahrhundert oder aus der Jetztzeit stets - zumindest soweit sie urteilend sprechen - auch Ausdruck der Meinung und des Geschmacks ihrer Zeit und insofern mit großer Vorsicht zu behandeln. Auch sind die Artikel – gerade bei WIKIPEDIA - von sehr unterschiedlicher Güte, Länge, manchmal von einer Detailfreude bis zur Geschwätzigkeit und oft voll von Abirrungen in nichtrelevante Themen.

Auf der anderen Seite stellen aber die Mehrzahl der Artikel den aktuellen Forschungsstand weitestgehend korrekt dar und bietet einen umfangreichen Apparat an Quellhinweisen und weiterführenden Informationsquellen, sowie (oft direkt online abrufbare) Originaltexte. Diese habe ich in der Regel – parallel zu meinen eignen Quellen – eingesehen und deren Informations- und Wahrheitsgehalt weitestgehend geprüft. Einige der WIKIPEDIA-Artikel über deutsche geistliche Lieddichter habe ich selbst bei WIKIPEDIA angelegt oder ausgebaut.

Über die Jahre sind bis heute über 500 eigene Recherchen angefallen, in denen ich Kirchengemeinden, Meldebehörden, kirchliche Archive und Zeitzeugen befragt habe. Neben vielen Fällen, in denen ich keine Antwort erhielt und einigen wenigen,

---

[1] Herbst, Wolfgang (Hrsg.): Wer ist Wer im Gesangbuch, 2. durchgesehene und aktualisierte Auflage, Göttingen, 2001
[2] https://www.deutsche-biographie.de/home
[3] https://kalliope-verbund.info
[4] https://de.wikipedia.org/wiki/Wikipedia:Hauptseite

in denen eine Zusammenarbeit verweigert wurde, habe ich viele freundliche Reaktionen erleben dürfen und hierbei Menschen kennengelernt, die in selbstloser Hilfsbereitschaft Zeit und Kraft geopfert haben, um mein Vorhaben voranzubringen. Diesen Menschen sei mein herzlichster Dank ausgesprochen.

Was ich selbst demgegenüber in die Waagschale werfen darf und kann, ist, dass ich bisher zehn Jahre meines Lebens der Hymnologie – und hier besonders dem evangelischen geistlichen Lied – gewidmet habe.

Abschließend möchte ich noch die Frage beantworten, warum ich meine in diesem Bändchen versammelten Recherchen dem geplanten Autoren-Lexikon vorausschicke.

Ich halte es für meine Pflicht, die bisher gewonnen Erkenntnisse zu veröffentlichen, weil zum einen die Herausgabe des geplanten Autoren-Lexikons noch ein bis zwei Jahre in Anspruch nehmen wird und zum andern weil die gegenwärtige Gesundheitssituation in Deutschland eine Vorab-Sicherung dieser Art angeraten sein lässt; zumal ich den Abschluss dieser Arbeiten, d.h. die Herausgabe des mehrbändigen Autorenlexikons, bei bestem Optimismus und größtem Gottvertrauen nicht garantieren kann.

Wiesbaden, im Juni 2021

Editorische Hinweise

Bei aller Sorgfalt und aufgewendeter Mühe ist es nicht auszuschließen, dass mir ggf. sachliche oder Tippfehler unterlaufen sind. Diese bitte ich zu entschuldigen. Was die Qualität der Quellangaben und Werkzuschreibungen aus der hymnologischen Literatur und aus Gesangbüchern betrifft, sind diese oft von sehr unterschiedlicher Qualität; ggf. konnte ich nicht alle Fehler aufdecken und berichtigen.

Die einzelnen Kapitel dieses Buches wurden mit Hilfe eines Programmes zusammengestellt und formatiert. Auch in diesem Zusammenhang wird darauf hingewiesen, dass auch größtmögliche Sorgfalt beim Korrekturlesen nicht alle Fehler aufdecken kann.

Auswahl der Autoren

In diesem Buch wurden Autoren berücksichtigt,

- die seit der Reformationszeit gelebt haben,
- die einer christlichen Konfession angehören,
- die geistliche Lieder oder Gedichte geschrieben oder aus einer Fremdsprache ins Deutsche übertragen oder Lieder des Neuen geistlichen Lieds verfasst haben,
- die in deutscher oder niederdeutscher Sprache oder in einem deutschsprachlichen Schweizer Idiom geschrieben haben,
- deren Lieder/Gedichte in Kirchengesangbüchern, Liedsammlungen oder in Buchform veröffentlicht wurden,
- die bedeutende Liedsammlungen, hymnologische Werke oder Periodika mit geistlichen Liedern herausgegeben haben.
- Eine kleine Gruppe stellen die Menschen dar, denen fälschlicherweise einzelne geistliche Lieder zugeschrieben wurden; sie werden wg. der Transparenz genannt.

Berücksichtigte Konfessionen

Derzeitig sind folgende christliche Konfessionen in dem Autorenlexikon berücksichtigt:

- evangelische Christen (uniert)
- evangelisch-lutherische Christen
- evangelisch-reformierte Christen
- evangelische-freikirchliche Christen

- Herrnhuter, Böhmische und Mährische Brüder
- Mitglieder der Brüdergemeinden, *Brethren*

- Römisch-katholische Christen
- Altkatholische Christen
- altkirchliche Lieddichter (vor 1500)
- Deutsch-katholische Christen
- Mitglieder der kath.-freikirchlichen Irvingianische Kirche

- Anglikaner
- Adventisten
- Baptisten
- Methodisten
- Mennoniten
- Mitglieder von Pfingstkirchen

- Hussiten
- Pietisten (kirchenfern, *radikal*)
- Schwärmer/*Schwenckfelder*
- Unitarier
- Wiedertäufer

Erläuterung der Abkürzungen

Die unter den Lexikon-Artikeln stehenden Abkürzungen bedeuten:

[K] Eduard Emil Koch: Geschichte des Kirchenlieds und Kirchengesangs [5]

[B] Deutsche Biographie [6]   [W] WIPIPDIA [6]

[R] eigne Recherchen [6]   [A] Selbstauskunft des Autors

[S] sonstige Hinweise (siehe Kapitel Quellenangaben - Seite 107)

Die Kennzeichnungen mit den o. a. Kürzeln erfolgte in den beiden letzten Jahren nach Abruf der entsprechenden Internet-Seiten; möglicherweise haben sich hinsichtlich der Deutschen Biographie und WIKIPEDIA seit dem Änderungen ergeben.

Namensangaben hinter einem Pfeil →**Name** sind Querverweise auf einen anderen Artikel in diesem Lexikon.

Bildnachweise

Umschlagbild: O.T.. 2021 (Eigenes Werk)

Seite 4: Evangelische Marktkirche, Wiesbaden mit Marktsäule (eigenes Photo)

---

[5] Stuttgart, 1866 -1872

[6] siehe Fußnoten auf Seite 5

Inhaltsverzeichnis

Inhaltsverzeichnis

Inhaltsverzeichnis

11

Inhaltsverzeichnis

Inhaltsverzeichnis

Ackermann, Max

Max Ackermann (* 1989 in Neuss/Nordrhein-Westfalen) ist ein zeitgenössischer Komponist moderner geistlicher Lieder. Ackermann ist römisch-katholischer Konfession, verheiratet und hat ein Kind. Er ist studierter Erziehungswissenschaftler, Musikpädagoge und Musiktherapeut sowie approbierter Kinder- und Jugendlichenpsychotherapeut. Sein Hauptinstrument ist Klavier. Des weiteren ist er als nebenamtlicher C-Kirchenmusiker und Chorleiter tätig. Seit 2012 engagiert er sich als Referent für das Neue geistliche Lied mit Band- und Chorworkshops im Erzbistum Bamberg. Von seinen Liedern ist das *Heilig, heilig, heilig* überregional bekannt geworden. Es ist veröffentlicht im *Arrangementheft 2014* der Werkstatt NGL, der Liedsammlung *Songs 2015* und wurde 2017 im Rahmen des Jubiläums der Werkstatt NGL auf Tonträger veröffentlicht. Weitere Stücke sind im Verlag Ferrimontana erschienen; zuletzt wurde die NGL-Messe *Begegnungen* im Strube Verlag publiziert. [R] [S] [A]

Alexander, Hugh Edward

Hugh Edward Alexander (* 10. Juli 1884 in Dumfries (Schottland); † 8. April 1957 in Genf/Schweiz) war ein schottischer Prediger, Lieddichter und -komponist der evangelischen Erweckungsbewegung, der in England und der Schweiz lebte und geistliche Lieder in englischer und deutscher Sprache verfasste. Alexander besuchte als Presbyterianer eine Bibelschule in Glasgow und wurde stark beeinflusst von den Erweckungspredigern Reuben A. Torrey, Dwight L. Moody und der Keswick-Bewegung, die auf ein überkonfessionelles Treffen evangelikal gesinnter Christen im englischen Ort Keswick in der nordenglischen Grafschaft Cumbria zurückgeht und die ihre Fortsetzung in der Walisischen Erweckungsbewegung von 1904/05 fand. Alexander lebte ab dem Jahr 1906 den größten Teil seines Lebens in Genf, wo er begann Kinder- und Erwachsenen-Evangelisation zu betreiben und u. a. der Mitbegründer der Genfer Bibelgesellschaft war. Im Jahr 1919 gründete er die Bibelschule *Le Roc*. Er verfasste über 500 geistliche Lieder und veröffentlichte zahlreiche Bücher und Broschüren, in denen er eine liberale Ausrichtung bekämpfte und für eine wortgetreue Schriftauslegung eintrat. Sein Andachtsbuch *Manne du matin* wurde in viele Sprachen übersetzt und erschien auf deutsch unter dem Titel *Manna am Morgen*. Das Buch enthält die Andachten Alexanders und wird bis heute aufgelegt. Das vom Diakonissenmutterhaus Aidlingen im Jahr 1986 in Stuttgart in dritter Auflage herausgegebene Gesangbuch *Neue Lieder* enthält sieben Lieder, zu denen Alexander den Text verfasst hat, zu weiteren hat er auch die Melodien komponiert. [R]

Angerer, Johann Georg

Johann Georg Angerer (* 2. September 1725 in Oettingen/Grafschaft Oettingen; † 12. März 1797 in Harburg) war ein deutscher evangelisch-lutherischer Pfarrer, Herausgeber und Lieddichter. Angerer wurde als Sohn von Johann Matthias Angerer (1696-1765) und seiner Frau Margaretha Barbara, geb. Maurer, (1694-1746) geboren. Sein Vater war ein Schneider und Bürgermeister; sein Sohn studierte ab dem Jahr 1744 an der Universität von Jena. Nach dem Studium zurückgekehrt, war er ab 1748 als Lehrer Konrektor am Seminar seiner Vaterstadt und wurde im Jahr 1754 Pfarrer in Balgheim. Vier Jahre später wechselte er die Gemeinde und übernahm die Pfarrstelle in Holzkirch. Im Jahr 1765 wurde er als Superintendent, Konsistorialrat und Pfarrer nach Harburg berufen, wo er auch seinen Lebensabend verbrachte. Neben Predigten liegen von Angerer geistliche Lieder, Gelegenheitsgedichte und Übersetzungen aus dem Französischen im Druck vor und er verfasste ein 1775 erschienenes Schulbuch, ein Buchstabier- bzw. Leselernbuch. Ab 1748 gab er am Verlagsort Oettingen eine Monatsschrift zur Pflege deutscher Sprache und Poesie unter dem Titel *Versuche zur Beförderung des vernünftigen Vergnügens in Schwaben* heraus, die aber nur drei Ausgaben erlebte. 1764 erschien eine von Angerer besorgte Sammlung geistlicher Lieder unter dem Titel *Evangelische Lieder*, die 20 eigene Gedichte enthält. [B][R]

Arnold, Jochen

Jochen Michael Arnold (* 1967 in Marbach am Neckar/Baden-Württemberg) ist ein evangelisch-lutherischer Pfarrer, Kirchenmusiker, Hochschullehrer, Organist, Chorleiter und Lieddichter. Arnold wurde als Sohn des Ehepaares Otto und Renate Arnold geboren und besuchte nach der Grundschule ab 1978 das Friedrich-Schiller-Gymnasium in Marbach, wo er 1987 das Abitur bestand. Bereits ein Jahr zuvor hatte er die kirchenmusikalische C-Prüfung abgelegt. Bis zum Jahr 1989 leistete er Zivildienst in einer Kirchengemeinde in Stuttgart und studierte anschließend bis 1996 Theologie in Tübingen sowie an der Waldenserfakultät in Rom. Dort übernahm er im Jahr 1991 das Kantorenamt an der evangelischen Christuskirche. Zwischen 1992 und 1998 studierte Arnold evangelische Kirchenmusik an der Staatlichen Hochschule für Musik und Darstellende Kunst in Stuttgart, bestand das A-Examen und betreute zwischen 1993 und 1999 das Kantorenamt an der Kreuzkirche in Reutlingen. Von 1997 bis 1999 absolvierte er ein Aufbaustudium im Fach Popularmusik an der Hochschule für Kirchenmusik Esslingen bzw. Tübingen und promovierte im Jahr 2003 in Tübingen. Von 1999 bis 2001 war er Vikar an der Marienkirche Reutlingen, legte das Zweite Theologische Examen ab und wurde im Januar 2002 ordiniert. Hierauf lehrte er bis 2003 am Pfarrseminar der Evangelischen Landeskirche in Württemberg die Fächer Gottesdienst, Predigt und Pastoraltheologie. Er seit 2004 Direktor des Michaelisklosters Hildesheim, das als evangelisches Zentrum für Gottesdienst und Kirchenmusik Bestandteil der Evangelisch-Lutherischen Landeskirche Hannovers ist. Im Jahr 2007 habilitierte er sich mit einer Arbeit über die Kantaten Johann Sebastian Bachs. Arnold lehrt Chorleitung und Theologie an der Universität Hildesheim, unterrichtet seit 2007 Theologie an der Fachhochschule Hannover und ist seit 2008 ehrenamtlicher Privatdozent an der Universität Leipzig. Seit dem Jahr 2014 ist er zudem Honorarprofessor für Musikvermittlung der Universität Hildesheim, seit 2012 Liturgiebeauftragter und Liturgieberater der Gemeinschaft Ev. Kirchen in Europa und seit 2019 Vorsitzender der Liturgischen Konferenz in Deutschland. Als Mitglied der Steuerungsgruppe berät er die Evangelische Kirche in Deutschland hinsichtlich der Vorbereitung für ein neues Gesangbuch. Darüber hinaus arbeitete er beim Deutschen Evangelischen Kirchentag und beim Lutherischen Weltbund mit und hat u. a. dessen Weltkonferenz in Windhuk im Jahr 2017 mitvorbereitet und -organisiert. Arnold war zwei verheiratet und hat zwei Kinder und zwei Stiefkinder; er ist seit dem Jahr 2020 verwitwet. Sein Lied *Die Himmel erzählen die Schönheit Gottes* steht in dem vom Gottesdienst-Institut der Evangelisch-Lutherischen Kirche in Bayern im Jahr 2012 in Nürnberg herausgegebenen Liederheft *Kommt, atmet auf*; für dieses Lied hat er sowohl den Text, nach Psalm 19, Vers 2, als auch die Melodie verfasst. Weitere Lieder finden sich in diversen Publikationen des Deutschen Evangelischen Kirchentags (Liederheft Köln: Wort-Laute: *Schmecket* und sehet; *Ein feste Burg* zum Text Lothar Veits; Liederheft Bremen: *FundStücke: Kyrie, Gloria, Christe, Schmecket und sehet*; Liederheft Hamburg: dto. und *Gott segne dich*; Liederheft Berlin: *freiTöne*: 10 Lieder, u.a.: Kyrie, Gloria, Kindercredo; Sanctus, Christe; Menschen gehen zu Gott (zu einem Text von Dietrich Bonhoeffer) und weitere). Eine Sammlung seiner Lieder erschien im Jahr 2009 im Strube-Verlag unter dem Titel *Die Himmel erzählen*; im genannten Verlag wurden darüber hinaus weitere Kasuallieder publiziert. [B][W][R][A]

Aschenbach, Ludwig

Ludwig Aschenbach (* 8. November 1798 in Lippoldsberg bei Karlshafen im Kurfürstentum Hessen; † 19. März 1856) war ein deutscher evangelisch-reformierter Pfarrer und Lieddichter. Er wurde als Sohn des Kantors Carl Friedrich Aschenbach und seiner Frau Elsabeth, geb. Schuchard, geboren und immatrikulierte sich nach dem Schulbesuch im Jahr 1816 an der Universität Marburg, wo er zwei Jahre lang Theologie studierte. Er arbeitete anschließend zunächst als Hauslehrer in Lorsch im Großherzogtum Hessen-Darmstadt und wurde im Jahr 1822 von der kurfürstlichen Regierung als Lehrer an das Schullehrer-Seminar in Kassel berufen. Drei Jahre später ernannte ihn die Reformierte Gemeinde seiner Vaterstadt zum Pfarrer. Er heiratete im Jahr 1826 Wilhelmine Caspari, die Tochter des Amtsmanns von Karlshafen, Johann Gottlieb Caspari. Im Jahr 1831 verließ Aschenbach seine Vaterstadt und wechselte an die Reformierte Gemeinde in Göttingen, wo er im Jahr 1853 die 100-Jahr-Feier des Kirchenbaus erlebte und mitgestaltete. Aschenbach hatte als Kanzelredner einen guten Ruf, sogar Mitglieder lutherischer Gemeinden kamen in seine Gottesdienste, um seine Predigten anzuhören, die er regelmäßig mit einem Gedicht abzuschließen pflegte. Aufgrund seiner Beliebtheit wurde ihm gestattet ab dem Jahr 1844/45 im Wechsel mit den lutherischen Pastoren die Gottesdienste an der Universität zu halten. Mit anderen formulierte Aschenbach eine neue Kirchenordnung der Reformierten Gemeinden, die im Jahr 1839 veröffentlicht wurde. Seine geistlichen Lieder sind in zwei Buchausgaben enthalten, wobei er als Gegenstand seiner Lyrik auch die Texte der Bibel wählte. Im Jahr 1835 erschien in Göttingen unter dem Titel *Der Tempel des Herrn* seine Sammlung *Gebete auf alle Sonn= und Festtage des Kirchenjahres*, die auch einige Lieder enthält. Unter dem Titel *Hosianna - Geistliche Lieder nach Worten der heiligen Schrift zur christlichen Erbauung* erschien im Jahr 1840 ein umfangreiches Buch mit der geistlichen Lyrik des Verfassers. [R]

Ascheraden, Wilhelm von

Wilhelm von Ascheraden (* 7. Januar 1946 in Dingelstädt/Thüringen) ist ein deutscher evangelischer Pfarrer und Lieddichter. Er wurde als Sohn von Albrecht von Ascheraden (1918-1977) und Elisabeth, geb. Berve (1922-2019), geboren und besuchte ab dem Jahr 1952 die Volksschule in Osterath, woran sich ab 1956 das Humboldt-Gymnasium in Düsseldorf anschloss. Er leistete die Dienstpflicht zwischen 1965 und 1967 in Sontra und Koblenz und verließ die Bundeswehr als Leutnant der Reserve. Ab 1967 studierte von Ascheraden an den Universitäten von Heidelberg und

Mainz Theologie und schloss das Studium mit dem 1. Fakultätsexamen ab, absolvierte seine Vikariatszeit in der Rheinischen Landeskirche und legte das 2. Kirchliche Examen ab. Er war zunächst zwischen 1974 und 1977 als Studieninspektor am Predigerseminar in Bad Kreuznach tätig, übernahm dann eine Stelle als Gemeindepfarrer in Monzingen/Nahe, war dann ab 1983 in Todtmoos/Südbaden und schließlich von 1991 bis 2009 in der Auferstehungsgemeinde in Offenburg als Pfarrer eingesetzt. Von 1995 bis 2007 war er darüber hinaus Landesobmann der Badischen Posaunenchöre. Im Ruhestand engagiert er sich für neue Formen des Zusammenlebens, so für die bürgerschaftlich organisierte Wohngruppe *Storchennest* und das Projekt für gemeinschaftliches Wohnen im Alter. Darüber hinaus ist er Gründungsstifter für die Gertrud-von-Ortenberg-Bürgerstiftung. Die Gemeinde Ortenberg verlieh ihm im Jahr 2019 die Bürgermedaille. Er schrieb bis heute zehn geistliche Lieder; sein Lied *Wo wir dich loben, wachsen neue Lieder* steht in dem vom Gottesdienst-Institut der Evangelisch-Lutherischen Kirche in Bayern im Jahr 2012 in Nürnberg herausgebenen Liederheft für die Gemeinde *Kommt, atmet auf* und findet sich auch im 2018 erschienenen *Anhang zum Gesangbuch der Evangelischen Landeskirche in Baden*, wo Ascheradens Lied auch als Titel der Veröffentlichung gewählt worden ist. Wilhelm von Ascheraden ist verheiratet und hat drei erwachsene Kinder. [R] [A]

Autorenkollektiv Münsterschwarzach

Die Autorenangabe Münsterschwarzach in Gesangbüchern bezeichnet eine Gruppe von Autoren, die in den 70er Jahren des 20. Jahrhunderts die Münsterschwarzacher Antiphonale abgefasst haben. Hierbei handelt es sich um zahlreiche Übertragungen aus dem Lateinischen. Die Autoren dieser Antiphonale waren Godehard Joppich (* 1932), Pater Roman Hofer (1942-2011) und Pater Rhabanus Erbacher (* 1937), die zum Teil auf bereits vorhandene Übersetzungen anderer Autoren zurückgegriffen haben. Die drei Genannten gaben die Titel ab 1975 gesammelt in den drei Bänden des Benediktinischen Antiphonale im eigenen Vier-Türme-Verlag der Abtei Münsterschwarzach heraus. [R]

Bailey, Judy

Judy Bailey, vollst. Judy Irene Bailey, verh. Bailey-Depuhl (* 20. Juli 1968 in London/Großbritannien) ist eine englisch-deutsche Psychotherapeutin, Sängerin, Komponistin und Lieddichterin christlicher Popmusik. Bailey verbrachte ihre Kindheit auf Barbados und lebt heute in Deutschland. Sie ist verheiratet mit dem Kommunikationswissenschaftler, Autor und Lieddichter Patrick Depuhl (* 1970) und hat mit ihm drei Söhne. Sie trat bisher in über 30 Ländern auf und spielt auf Festivals und Stadtfesten, in Kirchen und Clubs, an städtischen Verkehrsknotenpunkten und u.a. einem Jugendgefängnis, einem Kinderhospiz und in einer Friedhofskapelle. Darüber hinaus tritt sie regelmäßig bei christlichen Großveranstaltungen wie Kirchentagen auf. Sie ist seit 2002 Botschafterin der Hilfsorganisation World Vision Deutschland. Im Gesangbuch *Feiern und Loben*, das vom Bund Freier evangelischer Gemeinden und dem Bund Evangelisch-Freikirchlicher Gemeinden im Jahr 2003 herausgegeben wurde, stehen zwei ihrer Lieder. Außerdem hat sie gemeinsam mit ihrem Mann zahlreiche Beiträge zum Liederbuch *Feiert Jesus! Kids* beigesteuert und an Übersetzungen ihrer Lieder aus dem Englischen mitgearbeitet. [W][R]

Baltes, Guido

Guido Baltes (* 1968 in Krefeld/Nordrhein-Westfalen) ist ein deutscher Pfarrer der Evangelischen Kirche von Kurhessen-Waldeck, Dozent und Schriftsteller. Er besuchte die Schulen in seiner Geburtsstadt und studierte in den Jahren zwischen 1987 und 1994 Theologie in Oberursel und an der Philipps-Universität in Marburg. Er absolvierte anschließend bis 1996 das Vikariat in der Kreuzkirchengemeinde in Wetzlar. Hieran schloss sich ein einjähriges Sondervikariat im Johanniter-Hospiz in Jerusalem an. Im Jahr 1996 wurde Baltes ordiniert und leitete in den Jahren zwischen 1997 und 2002 das Ressort Jugend und junge Erwachsene *ERF junge welle* beim Evangeliumsrundfunk in Wetzlar. Zusammen mit seiner Frau betreute er ab dem Jahr 2003 den Christus-Treff im Johanniter-Hospiz in Jerusalem. Seit dem Jahr 2009 lehrt Baltes Neues Testament und Dogmatik im Bibelseminar in Marburg. Baltes promovierte im Jahr 2011 an der TU Dortmund. Er ist Pfarrer im Ehrenamt der Evangelischen Kirche von Kurhessen-Waldeck. In den Jahren 2009 bis 2016 arbeitete er zudem als hauptamtlicher Mitarbeiter im Leitungsteam des Christus-Treff Marburg. Neben theologischen Werken und Erbauungsschriften verfasst Baltes auch geistliche Lieder; zwei Lieder finden sich beispielsweise im Gesangbuch *Feiern und Loben*, das im Jahr 2003 in Holzgerlingen erschienen ist. [R][A]

Baumann, Michael

Michael Baumann (* 14. Februar 1614 in Crailsheim/Markgraftum Brandenburg-Ansbach, † 3. Dezember 1668 in Pfedelbach) war ein deutscher evangelisch-lutherischer Pfarrer und Hymnologe. Sein Vater war der Kaufmann Bartholomäus Baumann und seine Frau Susanna, geb. Coller oder Cöler. Michael Baumann besuchte die Schulen in seiner Vaterstadt und in Heilbronn, worauf er sich im Jahr 1633 an der Universität von Altdorf immatrikulierte, um Theologie zu studieren. Noch im gleichen Jahr wechselte er an die Hochschule von Tübingen und beschloss seine Studien in Straßburg. Er leistete sein Vikariat ab dem Jahr 1636 an der Hofkirche von Waldenburg und wurde ein Jahr später als Pfarrer nach Gnadental berufen. Ab dem Jahr 1638 stand er als Diakon (Zweiter Pfarrer) in den Diensten der Gemeinde von Künzelsau und stieg im folgenden Jahr zum Ersten Pfarrer auf. Ab dem Jahr 1664 war er Gräflich-Hohenlohischer Hofprediger und Superintendent in Pfedelbach. Er war seit dem Jahr 1637 mit Maria Schneidemann (oder Schnaitmann) verheiratet, deren Vater Johann Jakob Schneidemann Schultheiß von Beringsweiler und Schlossverwalter war. Das Paar hatte sieben Kinder. Baumann veröffentlichte Predigten, in denen er bekanntere und nahezu unbekannte geistliche Lieder behandelte. Diese Erläuterungen erschienen in sieben Teilen unter dem Titel *Sonderbare Predigten* zwischen 1659 und 1666 in Frankfurt am Main. Die Titel der behandelten Lieder sind in Johann Caspar Wetzels 1752 am Verlagsort Gotha erschienenen hymnologischen Werk *Analecta hymnica* im ersten Band aufgelistet. [R]

Bauschert, Hermann

Hermann Friedrich Bauschert (* 25. April 1898 in Heilbronn-Neckargartach; † 10. Dezember 1988) war ein deutscher Laienprediger, Politiker und Lieddichter. Er wurde als neuntes Kind des Bäckermeisters Christian Bauschert (1859-1932) und Marie, geb. Schaal (1859-1943), geboren und hatte zehn Geschwister. Er wurde evangelisch getauft und besuchte den Konfirmationsunterricht der Landeskirche. Er ging vom 7. bis zum 14.

Lebensjahr in die Volksschule Neckargartach. Zwischen April bis Dezember 1912 besuchte er die Zeichenschule in Heilbronn als Vorschule für den gewählten Beruf als Silberschmied und trat im Januar 1913 eine Ausbildung im Silberschmiedberuf bei der Firma Bruckmann in Heilbronn an, die bis Dezember 1916 dauerte. Im Jahr 1917 trat er zur evangelisch-methodistischen Kirche über. Er leistete von November 1917 bis Januar 1919 Kriegsdienst und kam 1918 mit Landsturmkompanie zur Fliegerabwehr in der Stadt Arlon. Er kehrte nach Kriegsende als Silberschmied in seine Ausbildungsfirma zurück, wo er bis 1931 arbeitete; worauf er das Bäckerhandwerk erlernte und die Bäckerei seines Vaters übernahm. Im Jahr 1925 heiratete Bauschert die Bäckerstochter Luise, geb. Michler (1900-1995), und hatte mit ihr in den folgenden Jahren vier Kinder, die zwischen 1926 und 1936 geboren wurden. Von August bis November 1939 leistete er wiederum Kriegsdienst, diesmal am Westwall, an der sog. Siegfriedlinie. Von dort wurde er in die Heimat entlassen, da Familienväter mit mindestens vier Kindern freigestellt wurden. Ab Frühjahr 1940 arbeitete er in der Bäckerei seines Schwiegervaters, weil dessen Sohn eingezogen worden war, wurde dann aber im April 1943 vom Arbeitsamt als Technischer Abnahmebeamter in der Munitionsherstellung bei den NSU-Werke Neckarsulm dienstverpflichtet. Im Zeitraum zwischen 1946 und 1953 saß Bauschert als Abgeordneter der CDU-Fraktion im Gemeinderat der Stadt Heilbronn. Die zu einem Gemischtwarengeschäft umgewandelte Bäckerei wurde 1962 aufgegeben. Im Jahr 1963 zog das Ehepaar zu einer Tochter und verbrachte dort den Ruhestand bis zum Lebensende. Bauschert betreute lange Jahre in der Methodistengemeinde die Sonntagsschule, war Laienprediger und besorgte den Besuchsdienst in der Gemeinde. Eines seiner Lieder steht in der dritten Auflage des vom Diakonissenmutterhaus Aidlingen im Jahr 1986 in Stuttgart herausgegebenen Gesangbuchs *Neue Lieder*. Es hat den Titel *Er kann alles, er kann trösten*. [R][A]

Bellingroth, Paul

Paul Bellingroth (* 1. August 1875 in Barmen-Wupperfeld, † 14. April 1951 in Schweicheln) war ein deutscher evangelischer Pfarrer und Lieddichter. Er besuchte das Gymnasium in Barmen, wo er im Jahr 1894 das Abitur ablegte. Anschließend studierte er in Straßburg, Halle/Saale, Greifswald und Bonn, wo er das Examen bestand. Anschließend lebte er als Hauslehrer in Koblenz und leistete das Vikariat in den Jahren zwischen 1900 bis 1901 in Wiehl im Rheinland. Als Hilfsprediger hatte er anschließend Stellen in der Stadtmission in Frankfurt/Main, in Rheydt, Laaken/Rheinland und Koblenz inne, wo er im Jahr 1902 ordiniert wurde, um danach für ein Jahr als Pfarrer einer Gemeinde in Dönberg/Rheinland zu wirken. Ab dem Jahr 1904 arbeitete er in dem 1852 in Schildesche bei Bielefeld gegründete *Rettungshaus Schildesche*, einer evangelischen Fürsorgeerziehungsanstalt. Im Jahr 1924 wechselte er als Direktor an die Evangelische Erziehungsanstalt Schweicheln, wo er im Jahr 1946 in den Ruhestand trat und fünf Jahre später verstarb. Bellingroth war seit dem Jahr 1912 mit Charlotte, geb. Kraemer, (1891-1968) verheiratet. Im Liederbuch des Deutschen Verbandes der Jugendbünde für entschiedenes Christentum (EC), das im Jahr 1954 in Kassel unter dem Titel *Jugendbund-Lieder* erschienen ist, steht das Wanderlied *Es rauscht durch deutsche Wälder* von Bellingroth, zu dem er auch die Melodie verfasste. [R]

Berg, Klaus

Klaus Berg (* 25.März 1912 in Bremen,† 2001) war ein deutscher Pfarrer und Lieddichter. Seine Großväter waren Pfarrer in Rheinhessen bzw. Pommern gewesen. Klaus Berg studierte an den Universitäten in Greifswald und Göttingen und legte die Theologischen Examensprüfungen in Stettin ab. Den Eintritt in den Gemeindedienst verhinderte die Einberufung zum Kriegsdient, der ihn nach Russland führte, wo er in Gefangenschaft geriet und fünf Jahre in einem Lager in Stalingrad zubrachte. Im Jahr 1950 konnte er in seine Vaterstadt zurückkehren, wo er für die nächsten 20 Jahre in den Gemeindedienst eintrat. Anschließend diente er 19 Jahre in der Krankenhausseelsorge im Diakonissenhaus und in den Friedehorster Anstalten. Von ihm stammen sechs Lieder, die in neueren Gesangbüchern eine weitere Verbreitung gefunden haben. In dem von der Evangelischen Kirche des Rheinlands herausgegebenen *Beiheft zum Evangelischen Kirchengesangbuch*, das im Jahr 1984 in Kassel unter dem Titel *Singt und dankt - Lieder und Gebete* erschienen ist, stehen zwei Lieder von Berg. [R]

Bernoulli, Hans

Hans Bernoulli (* 27. Juli 1918 in Riehen/Schweiz; † 25. Dezember 2012 in Kleinbasel) war ein Schweizer evangelisch-reformierter Pfarrer, Lieddichter und -komponist. Er wuchs in Basel auf und studierte dort und in Zürich Theologie, heiratete im Jahr 1944 und übernahm im gleichen Jahr seine erste Gemeinde im Kanton Aargau. Von dort wechselte er die Gemeinde in Schwanden im Kanton Glarus und kehrte danach für 15 Jahre als Pfarrer nach Basel zurück, wo er Dienst in der Gemeinde St. Markus tat. Anschließend war er zwölf Jahre lang Krankenhauspfarrer am Kantonsspital in Basel und gleichzeitig Mitglied der Schweizer Liturgiekommission und des Ausschusses, der mit der Herausgabe eines neuen Gesangbuchs der Evangelische-reformierten Kirchen der deutschsprachigen Schweiz betraut war. Darüber hinaus war er Mitglied im Schweizerischen Kirchenmusikrat. Nach seiner Pensionierung kehrte Bernoulli in seinen Geburtsort zurück, widmete sich der Pflege des Chorgesangs und leitete einen Kirchenchor, für den er geistliche Lieder und Musiksätze verfasste. Seine letzten Jahre lebt er in Kleinbasel. Unter anderem schrieb er zu Cornelius Beckers Psalmvertonung *Singet dem Herrn ein neues Lied* eine neue Textfassung, die er im Jahr 1983 für den Ökumenischen Singkreis Basel-Riehen verfasst hatte. Zu dem Lied zu Psalm 24 von Clément Marot verfasste Bernoulli die deutsche Textfassung, deren Titel *Dem Herren gehört unsre Erde* lautet. [R]

Beyling, Hans

Hans Beyling (* 9. September 1882 in Passendorf bei Halle/Saale in der Provinz Sachsen (Preußen); † 5. Mai 1939) war ein deutscher evangelischer Pädagoge, Theologe, Herausgeber und Lieddichter. Beyling wurde als Sohn eines Landwirts geboren und zog nach dem Tod seines Vaters mit der Mutter nach Halle um, wo er das Abitur am Stadtgymnasium erwarb. In dieser Zeit erkrankte er am Grünen Star; Ärzte konnten jedoch sein Augenlicht durch verschiedene Operationen zunächst retten. Er studierte auf Bitten seiner Mutter die Rechtswissenschaften, wechselte dann aber das Studienfach und widmete sich der Theologie. Im Jahr 1904 erblindete er fast völlig; konnte aber dennoch sein Theologiestudium im Jahr 1912 abschließen, nachdem er zwischen 1906 und 1910 in Basel die Predigerschule besucht und die Blindenschrift erlernt hatte. Da ihm der Eintritt ins Pfarramt von der Landeskirche verweigert wurde, unterrichtete er von 1919 bis 1924 als Lehrer am Religionslehrer-Seminar in Leipzig und lebte anschließend wieder in Halle/Saale. Als die Führung der Deutschen Mädchen-Bibelkreise ein eigenes Gesangbuch herausgeben wollte, übernahm Beyling, das Verzeichnis der Lieddichter zu erstellen, wofür er in eine ausgedehnte und umfangreiche Korrespondenz eintreten musste. Im Jahr 1927 übernahm er den Vorsitz der *Gesellschaft für christliches Leben unter den deutschen Blinden e.V.*, die in Wernigerode im Harz ihren Sitz hatte. Für die Mitglieder dieses Vereins gab er sowohl ein Sonntags- als auch ein Monatsblatt in Blindenschrift heraus. In den letzten Jahren erkrankte Beyling an Gelenkrheumatismus und zog sich infolge dieser Erkrankung ein schweres Herzleiden zu, an dem er verstarb. Im sog. Gemeinde-Psalter aus dem Jahr 1938, dem offiziellen Gesangbuch der Freien evangelischen Gemeinden, steht ein von Beyling verfasstes geistliches Lied. Im Jahr 1934 erschien der Brailleschrift-Notendruck von sieben vertonten Lieder Beylings unter dem Titel *Morgentau: sieben geistliche Lieder von Hans Beyling*, die von Theodor Kopp (1871–1937) vertont wurden. Im Jahr 1939 gab Beylings langjähriger Freund Albert Argast nach dem Tod Beylings eine Lebensbeschreibung am Verlagsort Halle im Druck heraus. [R]

Birenheide, Friedrich Wilhelm

Friedrich Wilhelm Birenheide (* 19. November 1809 in Ringleben/Fürstentum Schwarzburg-Rudolstadt; † 31. Januar 1893 in Eisleben) war ein deutscher evangelisch-lutherischer Pfarrer, Pädagoge und Lieddichter. Er wurde als Sohn des Lehrers und Organisten Andreas Wilhelm Birenheide und Johanna Gebicke geboren und besuchte das Lyzeum in Frankenhausen. Anschließend studierte er im Zeitraum zwischen 1828 und 1832 an der Universität in Halle/Saale, bestand im Jahr 1834 das theologische Abschlussexamen und promovierte im Jahr 1837 an der Universität von Jena. Er arbeitete zwischen 1833 und 1848 als Rektor in Gehofen. Anschließend trat er ins geistliche Amt und war, nach seiner Ordination im Jahr 1848, bis 1853 Pfarrer der Gemeinde von Lausa. Seit 1849 zeigten sich Zeichen einer geistigen Erkrankung; er zog sich nach seiner frühzeitigen Emeritierung am 1. Oktober 1853 nach Ringleben zurück und lebte zuletzt seit 1891 in Eisleben. Er hatte in erster Ehe am 10. Dezember 1837 Bertha Friederike Wilhelmine Schettler geheiratet, die im folgenden Jahr im Kindbett verstarb. In zweiter Ehe war er seit dem 4. Januar 1841 mit einer Tochter des Pfarrers aus Uichteritz Friedrich Wilhelm Kämmerer, Bertha Maria Kämmerer, ehelich verbunden, die am 6. Mai 1853 mit 33 Jahren an einem Nervenfieber starb. Er hatte vier Kinder. Neben seiner beruflichen Tätigkeit war Birenheide Mitarbeiter der Jenaer Literaturzeitung und gab, neben anderen theologischen Aufsätzen, im Jahr 1840 in Querfurt eine Sammlung eigener Predigten heraus. Darüber hinaus liegt eine theologisch-philosophische Abhandlung unter dem Titel *Die persönliche Unsterblichkeit des Menschen philosophisch bewiesen* aus dem Jahr 1872 im Druck vor. Seine geistlichen Lieder erschienen im Jahr 1850 in zwei Bändchen; das erste Büchlein enthielt acht Lieder, das zweite sechs Lieder. [R]

Birkelbach, Hartmut

Hartmut Birkelbach (* 1955 in Erndtebrück/ Krs. Siegen-Wittgenstein) ist ein deutscher evangelischer Pfarrer, Lieddichter und -komponist. Nach seiner Schulzeit studierte er zunächst Religionspädagogik in Düsseldorf und anschließend Theologie und Philosophie in Bonn und Göttingen. In den Siebziger Jahren engagierte er sich im *Jugendchor Erndtebrück* und leitete ihn von 1975 bis 1980. In dieser Zeit entstanden für die Konzerte des Chores im gesamten deutschsprachigen Raum rund 20 Lieder, von denen die meisten auch auf den beiden LP-Produktionen des Chores im Hänssler-Verlag und in verschiedenen Liederbüchern veröffentlicht wurden. So werden sie auch heute noch in Chören und Gemeinden unterschiedlicher Denominationen gesungen, z.B. eines seiner bekanntesten Lieder *Wenn unser Glaube nicht mehr als ein Standpunkt ist*, das im Jahr 2003 im Liederbuch *Feiern & Loben* veröffentlicht wurde. Birkelbach selbst hat nach dem Ende der Chorarbeit und seinen Studienabschlüssen als Vikar in Göttingen und dann als Gemeindepfarrer der Westfälischen Landeskirche in Minden gearbeitet. Im Jahr 2005 wechselte er in den Kirchenkreis Vlotho und baute dort als Pfarrer das Kulturreferat *KuK!* auf, das inzwischen Hunderte ausgesprochen vielfältiger und teilweise sehr ungewöhnlicher Begegnungen von Kirche und Kultur in den Gemeinden und für die ganze Region organisierte und begleitete. [R][A]

Bogdahn, Martin

Martin Bogdahn (* 1936 in Elbing/Westpreußen) ist ein deutscher evangelisch-lutherischer Pfarrer, Oberkirchenrat und Lieddichter. Er wurde als Sohn des Pfarrers Willy Bogdahn (1902-1947) und Frida, geb. Baumgart, (1900-1991) geboren und besuchte die Grundschulen in Elbing und Hof/Saale, sowie die Oberrealschule in Hof, wo er im Jahr 1956 das Abitur ablegte. Anschließend studierte er in den Jahren zwischen 1956 und 1957 Theologie in Neuendettelsau, woran sich bis 1959 eine Studienzeit in Berlin, bis 1960 in Heidelberg und bis 1961 in Erlangen anschloss. Im Jahr 1961 legte er das Erste Theologische Examen ab und besuchte bis 1962 das Studienseminar der VELKD (Vereinigte Evangelisch-Lutherische Kirche Deutschlands) in Pullach. Von 1962 bis 1965 arbeitete er als Religionslehrer und Stadtvikar in der Kirchengemeinde St. Matthäus in München. Im Jahr 1964 erfolgte die Ordination und die Prüfung zum Zweiten Theologischen Examen. Zwischen 1965 und 1967 war Martin Bogdahn Assistent an der Evangelisch-Theologischen Fakultät in Erlangen und promovierte über das Thema *Die Rechtfertigungslehre Luthers im Urteil der neueren katholischen Theologie*. Seit 1961 ist er mit Gunhild, geb. Hucke, verheiratet und hat mit ihr drei Kinder. In den Jahren zwischen 1967 und 1978 war Bogdahn Pfarrer an der Christuskirche in München und im Zeitraum zwischen 1971 und 1989 Mitglied und Theologischer Vizepräsident der Landessynode der ELKB (Evangelisch-Lutherische Kirche in Bayern). Im Jahr 1978 wechselte er als Pfarrer an die Kreuzkirche in München und war anschließend ab dem Jahr 1985 bis 1990 Beauftragter der ELKB beim Bayerischen Rundfunk für Hörfunk und Fernsehen. Im Jahr 1990 wurde er zum Oberkirchenrat ernannt und war Kreisdekan und Regionalbischof für München und Oberbayern, wobei er im Zeitraum zwischen 1997 und 2001 das Amt des Ständigen Vertreters des Landesbischofs versah. Im Jahr 2001 trat Bogdahn in den Ruhestand; er lebt in München. Sein Adventslied *Jetzt fangen wir zum Singen an* steht im Regionalteil des Evangelischen Gesangbuchs (EG) für Bayern und Thüringen aus dem Jahr 1993. Das Lied *Ich* *glaube fest, dass alles anders wird* aus dem Jahr 1990 wurde in den Regionalteil des Evangelischen (EG) für Württemberg aufgenommen. [R][A]

Bollinger, Conrad

Conrad Bollinger (* 11. März 1873 in Beringen/Kanton Schaffhausen, † 30. November 1910 auf dem Karmel/Israel) war ein Mitarbeiter der evangelisch-freikirchlichen Pilgermission *St. Chrischona* und der Deutschen Zeltmission. Bollinger war Hausvater des Christlichen Erholungsheims Patmos, eine Einrichtung der von Jakob Vetter (1872-1918) gegründeten Deutschen Zeltmission; beide unternahmen gemeinsam eine Reise auf den Berg Karmel im heutigen Israel und gründeten die Karmelmission, die heute ihren Sitz in Schorndorf hat. Etwas später wurde ein von der Karmelmission gekauftes Hotel zu einem Erholungsheim umfunktioniert, wohin sich Bollinger, der kränkelte, im Oktober 1910 zurückzog. Er verstarb einen Monat später. In der Liedsammlung der Deutschen Zeltmission, den *Sieges-Liedern*, die im Jahr 1911 in Geisweid/Westfalen erschienen ist, findet sich ein Passionslied unter den Initialen C. B., die wahrscheinlich für Conrad Bollinger stehen. Das Lied heißt *Siehe, das ist Gottes Lamm, das der Welt Schuld auf sich nahm*. [R]

Bonacker, Matthäus

Matthäus Bonacker (* Januar 1734 in Memmingen; † Juli 1802) war ein deutscher evangelisch-lutherischer Pfarrer, Schriftsteller und Lieddichter. Bonacker wurde als Sohn des Schreiner Paulus Bonacker und seiner Frau Anna Elisabeth, geb. Holzwart, geboren und am 5. Januar 1734 getauft. Er studierte in den Jahren zwischen 1751 und 1756 in Halle/Saale Theologie, wurde im November 1758 ordiniert und unterschrieb einen Monat später die Konkordienformel der lutherischen Kirche. Noch im selben Jahr wurde Bonacker Pfarrer in Buxach und gleichzeitig Lehrer an der Memminger Lateinschule. Im Jahr 1759 heiratete er Anna Maria Karrer, eine Kaufmannstochter aus Memmingen, die ihm fünf Kinder schenkte. Im Jahr 1760 wechselte Bonacker zur Gemeinde in Memmingerberg, wo er die nächsten 20 Jahr lang im Amt war. Im Jahr 1771 gründete er eine Armenschule, die er an den Grundsätzen des pietistischen Theologen und Philologen August Hermann Francke ausrichtete. Ab 1771 gab er zusammen mit dem Rektor Köberle mehrere Jahre lang den Memminger Kalender heraus, den die Autoren nutzten, um naturwissenschaftliche Erklärungen der Welt und Naturereignisse im Sinn der Aufklärung unter das Volk zu bringen. Das Wirken Bonackers stand in dieser Hinsicht stets unter dem Zeichen der Vernünftigkeit, der Nützlichkeit und Naturnähe, wobei Bohnacker auch nicht davor zurückschreckte, mit eigenen Vorschlägen eine Reform der Gesellschaft anzumahnen. Im Jahr 1780 wurde er - nach zuvor vergeblichen Versuchen, eine besser dotierte Stelle in seiner Vaterstadt zu erhalten - an die Simultankirche Unsere Frauen in Memmingen berufen, die auch von den Katholiken der Stadt genutzt wurde, ein Umstand, der Bonacker, der keinem Zwist aus dem Weg ging, zu kämpferischen Predigten ermunterte. Im Jahr 1761 hatte Bonacker die sechs Hauptstücke des lutherischen Katechismus in Versen veröffentlicht. 1773 erschienen seine geistlichen Lieder unter dem Titel *Sammlung etlicher Lieder*. Der hier vorgestellte Lebensabriss des Pfarrers Bonacker beruht vor allem auf dem Artikel des Memminger Chronisten Christoph Engelhard, der im Jahr 2012 in dem Periodikum *Der Spiegelschwab* erschienen ist. [R]

Bonhoeffer, Johann Friedrich

Johann Friedrich Bonhoeffer (* 15. Oktober 1718 in Schwäbisch Hall/ Schwäbischer Reichskreis; † 7. Juli 1783 ebenda) war ein deutscher evangelisch-lutherischer Pfarrer und Lieddichter. Nach seinem Schulbesuch studierte er an den Hochschulen von Jena und Leipzig. Anschließend versah er in seiner Vaterstadt verschiedene Stellen als Pfarrer. Er gab im Jahr 1756 eine Sammlung eigener Gedichte zu bekannten Melodien unter dem Titel *Geistliche Lieder zur Hausandacht* heraus. Diese Sammlung enthält 46 Lieder und wurde in Schwäbisch Hall verlegt. [B][R]

Börner, Caroline

Caroline Börner (* 19. Januar 1889 in Meppen/Provinz Hannover (Preußen), † 21. August 1971 in Bethel) war eine evangelisch-lutherische Diakonisse der Bodelschwinghschen Anstalten Bethel, Lehrerin, Herausgeberin und geistliche Schriftstellerin. Sie wurde als Tochter von Gerhard Börner († 1926) und Rosa Börner, geb. Prehn, († 1949) geboren und bestand im Jahr 1908 das Lehrerexamen für die Fächer Religion, Geschichte und Deutsch. Sie trat im Jahr 1920 in die Bodelschwinghschen Anstalten ein, wo sie zunächst in der Bibelschule mitarbeitete und dann 1921 in die Diakonissen-Schwesternschaft eintrat. Sie erlernte die Krankenpflege und legte im Jahr 1922 in Bremen das Krankenpflege-Examen ab. Nachdem sie in den Dienst des Mutterhauses berufen wurde, war sie dort zuständig für die Ausbildung, die Leitung des Kindergärtnerinnen-Seminars und versah Dienst in der Seelsorge und Verkündigung. Im Jahr 1963 trat sie in den Ruhestand und starb im Jahr 1971. Schwester Caroline veröffentlichte Abhandlungen zur Bekennenden Kirche (1936), zur Weltanschauung Conrad Ferdinand Meyers (1925) und verfasste Gedichte, die in dem von ihr herausgegebenen Periodikum *Schmelzhütte* und in andere Zeitungen standen. Im Jahr 1969 erschien die Sammlung ihrer geistlichen Gedichte unter dem Titel *Sag wo bleibst du, Licht der Welt*, die in Bethel verlegt und gedruckt wurde. Darüber hinaus liegen von ihr Beschreibungen des Lebens in Bethel vor, die im *Boten von Bethel* veröffentlicht wurden. [R]

Boscheinen, Walter

Walter Boscheinen (* 26. Dezember 1952 in Duisburg) ist ein katholischer Diplomtheologe, war Pädagoge in der Erwachsenenbildung und ist Schriftsteller und Graphiker. Boscheinen wurde als Sohn von Joseph Cornelius Boscheinen (1916-1992) und Agnes Charlotte Boscheinen, geb. Wünnenberg (1917-1987) geboren und besuchte Volks- und Realschule sowie ein Aufbaugymnasium, worauf er in den Jahren zwischen 1972 und 1977 Theologie und Philosophie an der Rheinische Friedrich-Wilhelms-Universität in Bonn studierte. Er arbeitete von 1977 bis 1979 als Referent für Ehe und Familie im Kolpingwerk und anschließend bis 1981 als Familienbildungsreferent der Arbeitsgemeinschaft für Katholische Familienbildung e.V. in Bonn. In den Jahren zwischen 1981 und 1995 betreute er als Hausmann und Erzieher seine drei Kinder. Unterbrochen von einer freiberuflichen Tätigkeit in den Jahren 1998 und 1999 arbeitete Boscheinen anschließend bis zu seiner Pensionierung im Jahr 2018 im Erzbistum Köln, als Bezirkssekretär der Katholische Arbeitnehmer-Bewegung für den Bereich Bonn-Erft-Sieg in Bonn, als pädagogischer bzw. wissenschaftlicher Mitarbeiter im Katholisch-Sozialen Institut des Erzbistums Köln in Bad Honnef und im Katholischen Bildungswerk Köln. Seit 1964 verfasste Boscheinen nebenberuflich als freier Autor Lyrik und schuf graphische Arbeiten. Er veranstaltete Lesungen und Kunstausstellungen in der Region Rhein-Sieg/Bonn, Köln, Essen und Berlin. Bisher hat er neben vielen Gedichten zu sozialen und Beziehungsthemen ca. 170 geistliche Lieder und Sonette geschrieben. Im Jahr 2006 erschien in Zusammenarbeit mit seiner Tochter Lisa Maria Boscheinen im Selbstverlag des Katholisch-Sozialen Instituts eine Messe auf Tonträgern mit zwölf neuen geistlichen Liedern und zugehörigem Notenband unter dem Titel *Für die Menschen bestellt*. Im Jahr 2020 veröffentlichte Boscheinen gemeinsam mit dem Bad Honnefer Komponisten Jo Raile eine Sammlung von neuen Gesängen für die Messliturgie für vierstimmigen gemischten Chor, Flöte, Klavier, Band und Gemeinde unter dem Titel *Freude und Hoffnung*, basierend auf einer deutlich kürzeren Erstfassung für Gemeindegesang und Band von 1996. Der Autor ist verheiratet und hat drei erwachsene Kinder. [R][A]

Böttcher, Jonathan

Jonathan Böttcher, eig. Roland Bernhard Böttcher (* 2. November 1958 in Salzgitter-Bad/Niedersachsen) ist ein zeitgenössischer Liedermacher und *Songpoet*. Er wurde als Sohn der Kaufleute Wilhelm und Anneliese Böttcher geboren und wuchs in dem Dorf Dörnten in der Nähe von Goslar am Harz auf. Er absolvierte die Realschule in Goslar, begann zwei Ausbildungen als Maurer und Physiklaborant, die er abbrach. Mit 18 Jahren traf er die Entscheidung Musiker zu werden und begann seine Laufbahn als Straßenmusiker in Braunschweig, Hannover und Hamburg. Im Rahmen einer halbjährigen Asienreise feierte er seinen 19. Geburtstag in Kathmandu/Nepal. Zurück in Deutschland fand er zum christlichen Glauben und ließ sich für die Dauer von anderthalb Jahren in einem stillgelegten

Steinbruch in der Nähe von Bischofsheim/Rhön nieder, tingelte weiterhin als Straßenmusiker zwischen der Rhön, Würzburg und München umher, um seinen Lebensunterhalt zu bestreiten. Ende 1978 lernte er die Würzburger Musiker Rainer Schwander (* 1951) und Berhard von der Goltz (* 1955) kennen, mit denen er die Folk-Rock-Formation *Heilhut Semmeldroll* gründete. Im Frühjahr 1979 stieß auch der Frankospanier Laurent Quirós zu der Gruppe; mit ihm trat Böttcher als Duo *Jonathan & Laurent* auf, das zu den wichtigsten Vertretern der christlichen Musikszene avancierte. Nach der Auflösung des Duos im Jahr 1996 begann Böttcher eine Solokarriere, während der er in der Zeit von 1984 bis 1992 klassische Gitarre bei dem Gitarristen Johannes Tappert (*1956) studierte. Jonathan Böttcher hat seit 1983 über 50 eigene Produktionen veröffentlicht und weit über 4.000 Konzerte für Erwachsene und Kinder gestaltet. Er ist verheiratet, hat einen erwachsenen Sohn und lebt in Wedel an der Elbe. [W][R][A]

Brandt, Susanne

Susanne Brandt (* 6. Februar 1964 in Hamburg) ist eine deutsche Komponistin, Schriftstellerin, Bibliothekarin, Herausgeberin und Lieddichterin evangelisch-lutherischer Konfession. Brandt wurde als Tochter von Hans Brandt (* 1936 in Pommern) und Erika Brandt, geb. Pinnau, (* 1935 in Hamburg) geboren und besuchte in den Jahren zwischen 1970 und 1974 die Grundschule Falkenberg in Norderstedt, worauf sie bis 1983 auf das Gymnasium Harksheide in Norderstedt ging. Nach dem Abitur studierte sie Kulturwissenschaften und Bibliothekswesen in Hamburg, Stuttgart und an der Fernuniversität Hagen. Sie schloss ihre Studien mit dem Titel einer Diplom-Bibliothekarin ab. Von 1987 bis Ende

1999 leitete sie die Musikbibliothek Cuxhaven und übernahm im Jahr 2000 die Leitung der Bibliothek in Westoverledingen. Seit 2011 ist sie als Lektorin bei der Büchereizentrale Schleswig-Holstein in Flensburg beschäftigt, wo sie auch lebt. Daneben lehrt sie als Dozentin und Vortragende an verschiedenen Instituten und Hochschulen. Sie engagiert sich in verschiedenen sozialen und kulturellen Projekten und ist Mitglied der Gruppe der Textautoren- und Komponisten *TAKT* sowie der europäischen Autorenvereinigung *Die Kogge*. Sie veröffentlicht seit den 1980er Jahren Fachpublikationen, Gedichte, Geschichten, Essays und Lieder. Viele ihrer Werke wurden in diverse Sprachen übersetzt. Im Rahmen des Projekts *Monatslied* der Evangelisch-Lutherischen Kirche in Norddeutschland wurden bisher drei ihrer geistlichen Lieder berücksichtigt. Sie nahm u. a. im Jahr 2007 am Paul-Gerhardt-Liederwettbewerb und im Jahr 2012 am Wettbewerb Neues geistliches Lied *Ostern und Pfingsten* der Evangelisch-lutherischen Landeskirche Hannovers 2012 teil. Sie veröffentlichte mehrere Kinderbücher, darunter Bücher zum Weihnachtsfest und zum Leben Martin Luthers. [B][W][R][A]

Braun, Caroline

Caroline Braun war eine Schweizer Lieddichterin, die im 19. Jahrhundert in Basel lebte. In der 1847 von Johann Jakob Schneider in Basel herausgegebenen Liedsammlung *Die christlichen Sänger des 19. Jahrhunderts* stehen zwei Lieder der Autorin. Im Staatsarchiv Basel ist ein Dossier aus dem Jahr 1842 zu finden, in dem eine Caroline Braun das Gesuch einreichte, eine Privatschule für Kinder eröffnen zu dürfen. Möglicherweise handelt es sich hierbei um die Lieddichterin. [W][R]

Brodbeck, Ulrike

Ulrike Berta Brodbeck (* 1951 in Freiburg/Br. in Baden-Württemberg) ist eine deutsche Pädagogin, evangelisch-methodistische Laienpredigerin, Lieddichterin und -übersetzerin, die gegenwärtig in Marburg eine Gemeinde betreut. Sie studierte Latein und Evangelische Theologie für das Lehramt in Tübingen und Göttingen und unterrichtete bis zum Jahr 2016 an Gymnasien in Gaildorf und Stuttgart. Sie engagierte sich ehrenamtlich viele Jahre in der evangelisch-methodistischen Kirche und war in den Jahren zwischen 2005 und 2014 Sprecherin der Laien in der Synode der *Süddeutschen Jährlichen Konferenz* ihrer Kirche. Im *Chorheft der Pfalz für die Jahre 1952 bis 2020*, die vom Amt für Kirchenmusik der Evangelischen Kirche der Pfalz herausgegeben wurde, ist ihr Lied *Die Erde trägt ein buntes Kleid* genannt, das eine Übertragung aus dem Schwedischen ist und von dem Lieddichter Carl David Wirsén (1842–1912) stammt. [R][A]

Buchner, Kurt Oskar

Kurt Oskar Buchner, eigentlich Kurt Oskar Schmidt (* 21. Mai 1912 in Berthelsdorf/Preußische Provinz Sachsen; † 1994 oder 1996) war ein deutscher evangelischer Pädagoge, Lyriker, Jugend- und Kinderbuchautor, welcher der Brüderunität des Reichsgrafen Nikolaus von Zinzendorf (1700-1760) nahestand. Schmidt verbrachte seine Kindheit und Jugend in der Oberlausitz und Thüringen und studierte in Leipzig und Königsberg/Ostpreußen Germanistik, Theaterwissenschaft, Geschichte und Theologie. Bereits als Student engagierte er sich in der Straffälligenbetreuung und der Laienspielbewegung, war Jugendleiter der Jungen Gemeinde und wirkte an der Volkshochschule mit. Anschließend war er Assistent und Leiter der akademischen

Studiobühne an der Hochschule Albertina in Königsberg. In den Jahren zwischen 1940 und 1945 leistete er den Kriegsdienst und geriet in Gefangenschaft. Nach dem Zweiten Weltkrieg lebte Buchner mit seiner Familie auf dem Gutshof Marie Luisenhof, der bei Gifhorn zwischen Gamsen und Wilsche liegt und wohnte anschließend bis zu seinem Tod in Gifhorn-Winkel. Er unterrichtete im Zeitraum zwischen 1946 und 1977 das Fach Deutsch am Otto-Hahn-Gymnasium in Gifhorn. Neben Kinder- und Jugendbüchern veröffentlichte Buchner eine Biographie Friedrich Schillers, schrieb Erzählungen, Balladen, Hörspiele und Lyrik und war Mitglied mehrerer Schriftstellerverbände. Im Jahr 1986 wurde ihm für sein Wirken das Bundesverdienstkreuz und im Jahr 1988 der *Graphikum*-Literaturpreis verliehen, der mit der Finanzierung eines Werks des Preisträgers dotiert ist. Die hieraus entstandene Veröffentlichung enthält Lieder und Texte Buchners, die 1988 unter dem Titel *Mach das Herz uns weit* erschien. Drei seiner geistlichen Lieder stehen im Gesangbuch der Evangelischen Brüdergemeine, das im Jahr 2007 in Bad Boll erschienen ist; einzelne Strophen seiner Lieder werden auch für die Herrnhuter Losungen verwendet. [B][W][R]

Büssing, Arndt

Arndt Büssing (* 21. Juli 1962 in Düsseldorf/Nordrhein-Westfalen) ist ein deutscher Arzt und Hochschullehrer, Buchautor, Texter und Komponist *gesungener Gebete* für Erwachsene und Kinder. Er ist katholischer Konfession, gegenwärtig Professor an der medizinischen Fakultät der Universität Witten/Herdecke und seit 2004 Schriftleiter der *Deutschen Zeitschrift für Onkologie*. Viele seiner Lieder sind in Liederbüchern und auf Tonträger veröffentlicht worden. Im Auftrag des Päpstlichen Rates für die Krankenpastoral entstand

für den 21. Welttag der Kranken im Februar 2013 *Dein Glaube ist größer*. Weitere Lieder stehen auch in dem 2006 erschienenen Liederbuch *Lobt den Herrn - Neues Schwerter Liederbuch*, neue Psalm-Versionen in dem 2019 im Dehm-Verlag verlegten Liederbuch *Eine Handbreit bei Dir*, sowie vier Lieder im 2021 veröffentlichten Liederbuch *Gemeinsam bunt - Leichtes Gotteslob*. Regelmäßig werden neue Kinderlieder für die Zeitschrift *Familien- und Jugendgottesdienste* des Bergmoser & Höller-Verlages beauftragt. Darüber hinaus veröffentlichte Büssing auch ein Pop-Oratorium. [W][R][A]

Christlein, Walter

Walter Christlein (* 23. August 1916 in Melsungen/Provinz Hessen-Nassau (Preußen), † 27. August 2004) war ein evangelisch-lutherischer Pfarrer und Lieddichter. Er legte nach seiner zweijährigen Militärzeit im Jahr 1939 das Abitur ab und studierte anschließend Maschinenbau in Darmstadt, wurde aber sofort zum Kriegsdienst eingezogen und geriet am Ende des Krieges in russische Gefangenschaft, der er sich aber durch Flucht entziehen konnte. Er war seit 1940 verheiratet mit Elfriede, geb. Balzer (1913-1993) und hatte mit ihr zunächst zwei Söhne, die 1940 bzw. 1942 geboren worden waren. Ab 1945 studierte Walter Theologie in Erlangen und wechselte während seines Kurzstudiums für eine weitere Ausbildung an die Bodelschwinghschen Anstalten in Bethel. Nach dem abgelegten Ersten Theologischen Examen besuchte Christlein das Predigerseminar in Nürnberg, wurde im Oktober 1949 ordiniert und betreute in den Jahren zwischen 1949 und 1952 als Vikar die damals weitverstreut wohnenden evangelischen Christen in Marktoberdorf, die zum größten Teil Flüchtlinge aus dem verlorenen Ostgebieten waren.

Nominell versah er hierbei die dritte Pfarrstelle der Dreifaltigkeitskirche in Kaufbeuren. Ab dem Jahr 1954 wurde er zum exponierten Vikar in Marktoberdorf ernannt und stieg im Jahr 1957 zum ersten Pfarrer der Evangelisch-Lutherischen Johanneskirche in Marktoberdorf auf, die zwei Jahre zuvor ihren eigenen Kirchenneubau hatte beziehen können. Christlein leitete dort den Kirchenchor und spielte Laute, während seine Frau das Organistenamt versah. Im Jahr 1950 wurde noch eine Tochter geboren. Im Dezember des Jahres 1963 übernahm er auf eigenen Wunsch die Pfarrstelle in Olching und wechselte im Jahr 1971 nach Erkheim. Er fand seine letzte Ruhestätte in Marktoberdorf. Christlein ist der Autor des Kanons *Hoffnung, die dunkle Nacht erhellt*, das im Regionalteil des *Evangelischen Gesangbuchs (EG)* von 1993 für Bayern und Thüringen steht. [R]

Chuchra, Ulrike

Ulrike Chuchra ist eine im Jahr 1964 geborene Lektorin und Übersetzerin geistlicher Liedern. Ihre Lieder finden sich beispielsweise in dem von Bernd Schlottoff und Wolfgang Schaefer im Jahr 1988 in Neuhausen und Stuttgart herausgegebenen Liederbuch *Songs Junger Christen*, Band 3. Die Autorin lebt in Süddeutschland gehört zu einer Baptistengemeinde. [R] [A]

Claus, Andreas

Andreas Claus (* 13. April 1962 in Bad Ems) ist ein evangelisch-freikirchlicher Pastor, Verleger, Produzent, Tontechniker, Verlagsleiter und Übersetzer moderner geistlicher Lieder. Claus arbeitet seit über 30 Jahren in der Musikproduktion, meist für den eigenen *cap*-Verlag (*cap-music*, *cap-books*), für den er bisher über 2000 Lieder mit vielen Autoren und Künstlern produziert hat. Er hat auch einige moderne geistliche Lieder, teilweise zusammen mit Susanne Lange (* 1964), verfasst oder aus dem Englischen übertragen. Diese finden sich in vielen zeitgenössischen Liedersammlungen, wie den Büchern der Serie *Du bist Herr*. Claus ist verheiratet und hat zwei Kinder. [R] [A]

Cramm, Burghard von

Burghard von Cramm war ein deutscher Lieddichter, der im Jahr 1862 am Verlagsort Celle eine Sammlung eigener biblischer Betrachtungen unter dem Titel *Kurze Andachten und geistliche Lieder* herausgab, der er auch Lieder zu bekannten Kirchenliedmelodien des evangelischen Gesangbuchs beifügte. Nach Auskunft des Historikers Axel Kronenberg könnte es sich um den Rittergutsbesitzer von Sambleben bei Schöppenstedt Burghard August Ludwig von Cramm handeln (* 19. Dezember 1829 in Celle im Königreich Hannover), der am 20. August 1897 in Braunschweig unverheiratet starb. Dieser war lutherischer Konfession und Sohn des Herzoglich braunschweigischen Kammerherrn und Landdrosten Ludwig Thedel August II., genannt Louis, (1791-1858) und Juliane Auguste Dorothea, geb. von Mahrenholz, genannt Julie, († 1863). Er wurde als achtes Kind der Familie geboren und hatte vier Brüder und sechs Schwestern. Mit Burghard von Cramm erlosch die männliche Hauptlinie der Familie, da er alle Brüder überlebte und diese - wie er - keine Söhne hatten. [R]

Dankwerts, Ludwig Wilhelm Edmund

Ludwig Wilhelm Edmund Dankwerts, auch Danckwerts (* 5. Juni 1808 in Plate/Lüchow-Dannenberg, † 14. Juli 1879 in Hannover) war ein deutscher evangelisch-lutherischer Pfarrer und Lieddichter. Sein Vater war der Pastor

Johann Alexander Dankwerts (* 1777 in Küsten/Lüchow-Dannenberg, † 1831 in Müden/Aller), seine Mutter war Hartwike Eleonore Wilhelmine Sarnighausen. Die Eltern hatten um 1805 geheiratet. Ludwig Wilhelm Edmund Dankwerts wurde am 28. September 1834 als Pastor an der St.-Jakobi-Kirche in Wietzendorf eingeführt und 1858 als Superintendent nach Ebstorf versetzt. Nachdem er sich einer evangelischen Freikirche angeschlossen hatte, wurde er von seinen kirchlichen Ämtern entbunden. Dankwerts war als geselliger Mensch bekannt und beliebt, der manchen Abend im Wirtshaus zubrachte und mit den Bauern Karten spielte. Er war zweimal verheiratet: zuerst in den Jahren zwischen 1841 bis 1842 mit Anna Sophie Emilie Harms (* 30. November 1816 in Hermannsburg bei Celle, † 20. Dezember 1842 in Wietzendorf), deren Vater, Pastor Hartwig Christian Harms die Trauung am 5. Januar 1841 in Hermannsburg vornahm. Nach dem Tod seiner Frau, die mit 26 Jahren an Schwindsucht verstorben war, trat Dankwerts am 7. Januar 1846 zum zweiten Mal in den Stand der Ehe, als er in der Johanniskirche in Lüneburg Dorothee Johanna Charlotte Pampel (* am 3. Januar 1828 in Lüneburg) heiratete. Aus dieser Ehe gingen drei Kinder hervor: 1846 wurde Caroline Hartwike Elisabeth, 1847 Henriette Julia Johanna und 1849 Theodor Hermann Wilhelm Sigmund Dankwerts, alle in Wietzendorf, geboren. Edmund Dankwerts verfasste geistliche Lieder. Ein Abendlied nahm Ludwig Grote in seine 1855 in Hannover erschienene Sammlung *Harfe und Leyer* auf. Im Jahr 1847 erschien eine Sammlung von sieben Predigten von Dankwerts. [R]

Degott, Matthias

Matthias Degott (* 1959 in Ludwigshafen/Rhein in Rheinland-Pfalz) ist ein deutscher Kantor, Organist sowie zeitgenössischer Autor und Komponist moderner geistlicher Lieder. Er ist katholischer Konfession und studierte im Zeitraum von 1978 bis 1979 in Mannheim und von 1979 bis 1986 in Freiburg Schul- und Kirchenmusik, sowie Orgel und Dirigieren. Im Jahr 1985 bestand er das Erste Staatsexamen für das Lehramt an Gymnasien und ein Jahr später das A-Examen für katholische Kirchenmusik. Zwischen 1987 und 1989 absolvierter Degott den Referendardienst für die Fächer Musik und Englisch am Gymnasium Müllheim und Ettenheim, wo er das Zweite Staatsexamen bestand. Seit dem Jahr 1989 ist er Bezirkskantor der Erzdiözese Freiburg für die Region Ortenau mit Dienstsitz in Gengenbach an der katholischen Stadtkirche St. Marien und seit 1998 Erzbischöflicher Orgelinspektor für die Region Ortenau. Er gibt Konzerte im In- und Ausland, u. a. in der Kirche Notre Dame/Paris; einige seiner Werke sind auf Tonträger eingespielt. Degott war Preisträger bei verschiedenen Orgelwettbewerben und gewann im Jahr 1997 den Orgel-Improvisations-Wettbewerb des Südwestfunks Freiburg. In dem vom Amt für Kirchenmusik der Erzdiözese Freiburg im Jahr 2020 am Verlagsort Leinfelden-Echterdingen unter dem Titel *Neue Lieder für Gott und die Welt* herausgegebenen Chorbuch für den Kindergottesdienst finden sich drei Beiträge von Degott. Er ist verheiratet und hat zwei Kinder. [R] [A]

Depuhl, Patrick

Patrick Depuhl (* 1970 in Duisburg) ist Kommunikationswissenschaftler, Autor und Lieddichter. Er wurde als Sohn von Michael Depuhl und Alexandra, geb. von Obstfelder geboren und ist evangelischen Bekenntnisses. Depuhl besuchte das Gymnasium *Fabritianum* in Krefeld, ließ sich im Zeitraum zwischen 1989 und 1991 am *Moody Bible Institute* in Chicago zum Jugendpastor ausbilden und studierte von 1994 bis 2004 in Essen Kommunikationswissenschaften, während er gleichzeitig als Schriftsteller und Komponist arbeitete. Das Studium schloss er mit dem Magistertitel ab. Er arbeitet als Autor, Sprecher und Prediger und tritt seiner Frau, der Sängerin →Judy Bailey (* 1968), in Konzerten auf. Das Ehepaar lebt mit drei Söhnen am Niederrhein. Im Gesangbuch *Feiern und Loben*, das vom Bund Freier evangelischer Gemeinden und dem Bund Evangelisch-Freikirchlicher Gemeinden im Jahr 2003 herausgegeben wurde, steht das von Patrick Depuhl zusammen mit →Guido Baltes und Judy Bailey im Jahr 2001 verfasste Lied *Danke, Vater, für das Leben*. Außerdem hat Depuhl gemeinsam mit seiner Frau zahlreiche Beiträge zum Liederbuch *Feiert Jesus! Kids* beigesteuert und an Übersetzungen ihrer Lieder aus dem Englischen mitgearbeitet, die in viele neuere Liedsammlungen aufgenommen wurden. [R] [A]

Dörnen, Birgit

Birgit Dörnen, geb. Jacobi (* 1960 in Dillenburg/Hessen) ist eine zeitgenössische Autorin und Komponistin moderner geistlicher Lieder evangelisch-freikirchlicher Konfession. Sie wurde als Tochter von Edith Jacobi, geb. Arrenberg (*1924 in Wuppertal) und Günther Jacobi (* 1930 in Eschenburg-Eibelshausen; † 2017) geboren und besuchte die Grund- und Mittelschule in Eibelshausen sowie das Wilhelm-von-Oranien-Gymnasium in Dillenburg. Anschließend absolvierte sie ein Praktikum im Missionswerk *Neues Leben*, wo sie 1977 und 1978 das Fach *Arbeit mit Kindern* bei Ruth Frey (1924-2012) erlernte. Im Zeitraum zwischen 1978 und 1981 schloss an der Bibelschule in Aidlingen eine Ausbildung zur Kate-

chetin und Gemeindediakonin an. Hierauf arbeitete sie als Referentin für Kindergottesdienstarbeit, Freizeit-Schulungen und Zeltmission beim Bund Freier evangelischer Gemeinden, eine Tätigkeit, die zwischen 1987 und 1988 unterbrochen war durch ein Sabbatjahr in Schweden, wo sie sich vor allem mit der Lobpreisarbeit in Gemeinden befasste und geistliche Lieder aus dem Schwedischen ins Deutsche übertrug. Zwischen 1988 und 1990 arbeitete Dörnen als Redakteurin der Zeitschrift *Guter Start* und war von 1988 bis 1990 in der Freizeitarbeit beim evangelischen Bibellesebund in Marienheide tätig. Sie ist seit 1989 mit Ulrich Dörnen verheiratet und hat drei Kinder. Neben freiberuflichen und vielfachen ehrenamtlichen Tätigkeiten für den Bund Freier evangelischer Gemeinden und den Bibellesebund trat Dörnen in den Chören *Akzente* (1982–1996), *Fermate* (ab 1995) und seit 2016 bei *Family&Friends* auf, betrieb das Marionettentheater *Dorondolon* und gab als Solistin Konzerte. Im Jahr 1997 gründete sie zusammen mit Ihrem Mann den *doron*-Verlag. Sie schrieb zahlreiche moderne geistliche Lieder (auch für Kinder) und verfasste und übersetzte Hörspiele, die zum Teil auch auf Tonträger erschienen sind. [R] [A]

Eck, Johann Gottfried

Johann Gottfried Eck (* 1711 in Mücheln in Thüringen/Fürstentum Sachsen-Weißenfels, † 26. Juli 1759) war ein deutscher evangelisch-lutherischer Pfarrer und Lieddichter. Nachdem er in Merseburg und Leipzig studiert hatte, wurde im Jahr 1742 ordiniert und als Pfarrer nach Großgestewitz in die Diözese Weißenfels berufen. Er schrieb geistliche Lieder, die in vier Sammlungen gedruckt wurden. [R]

Eckelmann, Hermann

Hermann Eckelmann (* 11. November 1816 in Barbis im Harz; † 25. Juni 1886 in Lüneburg) war ein deutscher evangelisch-lutherischer Pädagoge, Pfarrer und Lieddichter. Er wurde als Sohn des Schulzen Carl Ludwig Eckelmann geboren und besuchte das Gymnasium in Hildesheim. Anschließend studierte er in Göttingen Theologie und war nach bestandenem Examen Hauslehrer zu Oldenstadt und auf dem von Estorffschen Gut Tiendorf. In diesen Jahren der Hauslehrerzeit verfasste er seine Kinderlieder, die im Jahr 1847 am Verlagsort Lüneburg erschienen, Eingang in Schullesebücher gefunden haben und von Franz Abt (1819-1885) vertont wurden. Ab dem Jahr 1846 war Eckelmann Kollaborator (Hilfslehrer) am Johanneum in Hildesheim und im Jahr 1847 kurze Zeit Hofmeister an der Ritterakademie bevor er ab dem Jahr 1850 Anstaltspfarrer an der Strafanstalt Lüneburg eingesetzt wurde. Im Zeitraum zwischen 1855 und 1870 war er Seelsorger in der Heil- und Pflegeanstalt in Lüneburg und anschließend bis zu seinem Tod ab 1870 Pastor an der Kirche St. Dionys in Lüneburg. Er arbeitete darüber hinaus bei dem Periodikum *Die Salzkörner* mit und veröffentlichte neben den bereits erwähnten *Illustrirten Kinder-Lieder* in fünf Teilen die Sammlung *Zerstreute Gedichte*. Von seinen geistlichen Liedern sind drei überregional bekannt geworden und stehen in Kirchengesangbüchern des 19. Jahrhunderts. [R]

Eger, Thomas

Thomas Eger (* 26. Juli 1951 in Augsburg) ist ein deutscher evangelischer Pastor, sowie Autor und Komponist moderner geistlicher Lieder. Er wurde als Sohn des Schlossers Ernst Eger und der Technischen Zeichnerin Vera Eger, geb. Hempel, geboren und von diesen in gläubigem Christentum erzogen. Nach einer Ausbildung zum Schriftsetzer entschied er sich für ein Studium am Theologischen Seminar der Liebenzeller Mission und arbeitete anschließend zwei Jahre als Jugendreferent in der Stadtmission Pforzheim. Danach wurde er Gemeinschaftspastor im Liebenzeller Gemeinschaftsverband (LGV), Bezirk Heilbronn, wechselte anschließend als Redakteur nach Bad Liebenzell in die LGV und die Liebenzeller Mission. Von 1997 an war er wieder als Gemeinschaftspastor des LGV in den Bezirken Karlsruhe und Backnang tätig. Seit dem Jahr 2015 lebt er im Ruhestand. Thomas Eger ist verheiratet mit seiner Frau Ruth und hat mit ihr drei Kinder und drei Enkel. Seit 1973 schreibt Thomas Eger Lieder. Inzwischen sind es knapp 200, davon 70 mit Text und Melodie, 28 nur Melodie zu Texten anderer Liederdichter; 68 seiner Lieder wurden durch andere Komponisten vertont. Die meisten Lieder sind in Gemeinde- und Chorliederbüchern veröffentlicht und sind auf Tonträger erschienen. Sein bekanntestes Lied ist *Sing mit mir ein Halleluja* und wurde in mehrere europäische Sprachen übersetzt. [W][R][A]

Eidam, Rosa

Rosa Eidam war eine deutsche Schriftstellerin, die zwischen 1890 und 1930 in Franken, vermutlich in Ansbach, später in München, lebte und anhand ihrer Werke nachgewiesen werden kann. Sie war mit Richard Wagner (1813-1883) bekannt, stand mit Wagners Sohn Siegfried (1869-1930) in brieflichem Kontakt und verfasste u. a. die *Bayreuther Erinnerungen*, die im Verlag C. Brügel & Sohn im Jahr 1930 in Ansbach erschienen sind. Im Eigenverlag ließ sie das Buch *Bayreuther Festspielzeiten 1883-1924* um 1925 drucken. Eine Sammlung ihrer geistlichen Lieder erschien um 1894 im Verlag Max Eichinger, königliche Hofbuchhandlung, am Verlagsort Ansbach unter dem Titel *Grüne Zweige vom Baume des Lebens*. Zuvor war 1887 eine Sammlung ihrer Gedichte *Erinnerungen an Hohenschwangau* in Ansbach gedruckt worden. [R]

Eltermann, Peter

Peter Eltermann (* 1962 in Hamburg) ist ein deutscher Pädagoge und Lieddichter evangelisch-freikirchlicher Konfession. Er besuchte in den Jahren zwischen 1973 und 1982 das Klettgaugymnasium in Tiengen und leistete anschließend Zivildienst, woran sich Praktika in Altenheimen und zwischen 1985 und 1988 eine Berufsausbildung zum Krankenpfleger anschloss. Im Jahr 1991 immatrikulierte sich Eltermann für ein Lehramtsstudium an der Pädagogischen Hochschule in Ludwigsburg und studierte bis zum Jahr 1996 die Fächer Englisch, Biologie und Geografie. Seit dem Abschluss des Studiums arbeitet er als Realschullehrer an der Neckar-Fils-Realschule in Plochingen und ist freier Mitarbeiter des Kulturteils der Esslinger Zeitung. Er lebt in Esslingen, singt in verschiedenen Formationen und als Solist und ist Verfasser und Übersetzer diverser moderner geistlicher Lieder. Im Gesangbuch *Feiern und Loben*, das vom Bund Freier evangelischer Gemeinden und dem Bund Evangelisch-Freikirchlicher Gemeinden im Jahr 2003 herausgegeben wurde, steht das Lopreislied *Mein Jesus, mein Retter (Ruft zu dem Herrn)* von Darlene Zschech, das Daniel Jacobi im Jahr 1996 ins Deutsche übertragen hat und zu dem Eltermann den Refrain verfasst hat. Zu dem von Egil Fossum im Jahr 1994 herausgegebenen Liederbuch *Von ganzem Herzen* steuerte Eltermann mehrere Lieder bei. [R] [A]

Enders, Hildegard

Hildegard Enders, Künstlernamen Hildegard Enders-Karner (* 1961 in Bensheim/Hessen) ist eine deutsche Pädagogin und zeitgenössische Lieddichterin und -komponistin moderner geistlicher Lieder. Sie ist katholischer Konfession. Sie studierte Schulmusik und Theologie in Mainz und Wien, bestand das C-Examen im Fach katholische Kirchenmusik und arbeitet als Gymnasiallehrerin in Süddeutschland. Ihr Lied *Ich bin der Weinstock* zum Text des Evangeliums nach Johannes im 15. Kapitel steht in vielen Gesangbüchern der Gegenwart, u. a. im ersten Band des Freiburger Kinderchorbuch aus dem Jahr 2008, im Regionalteil des 2013 erschienenen katholischen Gesangbuchs *Gotteslob* für das Erzbistum Freiburg und die Diözese Rottenburg-Stuttgart und im Ev.-Lutherischen Kirchengesangbuch (ELKG) der Selbständigen Evangelisch-Lutherischen Kirche (SELK). Drei weitere Lieder finden sich im zweiten Band des *Freiburger Kinderchorbuchs* aus dem Jahr 2020. [R] [A]

Fabricius, Justus Friedrich Erdmann

Justus Friedrich Erdmann Fabricius (* 1728 in Magdeburg-Diesdorf/Herzogtum Magdeburg ; † 7. März 1780 in Neuhaldensleben) war ein deutscher evangelisch-lutherischer Pfarrer, Pädagoge, Schriftsteller und Lieddichter. Er wirkte in den Jahren zwischen 1759 und 1765 als Pastor in Alleringersleben, nachdem er zuvor Konventual zu Kloster Berge gewesen war. Im Jahr 1765 wechselte er als Zweiter Pastor zur Gemeinde in Neuhaldensleben, wo er bis zu seinem Tod im Dienst stand. Fabricius war verheiratet mit Sophia Margaretha, geb. Pauli; es sind sechs Kinder aus dieser Verbindung bekannt. Er wurde am 10. März 1780 in Neuhaldensleben beerdigt. Er verfasste moralische Lehrgedichte, sowie geistliche und weltliche Lieder, die im Jahr 1754 unter dem Titel *Vermischte Gedichte* bzw. 1773 in zwei Bänden am Verlagsort Halle/Saale verlegt wurden. [R]

Fabricius, Vorname unbekannt

Fabricius ist ein unbekannter Lieddichter aus Nassau, der mit zwei geistlichen Liedern in die Aufstellung für das Nassauische Gesangbuch von 1892/94 gekommen ist. Diese Hinweise sind den Blättern für Hymnologie, Jahrgang 1894 in Kahla erschienen, entnommen. Da der Lieddichter dort ohne Vornamen genannt wird und andere Liedautoren mit dem Namen Fabricius keinen Bezug zu Nassau haben, ist naheliegend, dass der Autor dem Artikel in den Hymnologischen Blättern entweder selbst unbekannt ist oder dass es sich um einen damals bekannten Theologen handelte, dessen Name nicht vollständig genannt werden musste. In Frage kämen im letztgenannten Fall Johann Georg Adam Fabricius (1701-1782) oder der Pfarrer Georg Fabricius. Bei beiden finden sich allerdings in der Fachliteratur kein Hinweis auf lyrische Arbeiten. Die beiden Lieder haben die Titel *Auf, auf, ihr Brüder, freuet euch* und *O, dass ich's könnte sehen*. [R]

Falkenroth, Christina

Christina Helene Falkenroth (* 1967 in Radevormwald) ist eine deutsche evangelisch-lutherische Pfarrerin, Hymnologin, Kirchenlieddichterin und Kirchenmusikerin. Sie stammt aus einer Theologenfamilie, wurde als Tochter des Ingenieurs Hermann Falkenroth und der Sozialarbeiterin Elfriede Falkenroth geboren und besuchte von 1974 bis 1987 die Freiherr-vom-Stein-Grundschule sowie das Röntgengymnasium in Remscheid-Lennep. Sie absolvierte eine Ausbildung zur Chemisch-technischen Assistentin, ließ sich zur C-Kirchenmusikerin ausbilden und studierte für das Lehramt. Hierauf folgte im Zeitraum zwischen 1992 und 1998 ein Studium der Theologie in Wuppertal und Berlin. Falkenroth absolvierte nach Abschluss des Studiums das Vikariat an der Petrikirche in Mülheim an der Ruhr und ist seit 2001 Pfarrerin und Kirchenmusikerin in Wuppertal. Im Jahr 2017 promovierte sie im Fach Theologie mit einer Arbeit über die Passion Christi in den Liedern der evangelischen Kirche des 16. und 17. Jahrhunderts; die Arbeit erschien unter dem Titel *Die Passion Jesu im Kirchenlied. Die auf ihn sehen, werden strahlen vor Freude* 2017 in Tübingen. Falkenroth hat bisher etwa 50 geistliche Lieder verfasst, die sie vor allem aus dem Englischen und dem Niederländischen ins Deutsche übertrug. Beiträge von ihr finden sich in der deutsch-englischen Veröffentlichung *Glory to God. Englische Chormusik aus fünf Jahrhunderten*, die Hans Wülfing für den Landesverband ev. Kirchenchöre im Rheinland in Zusammenarbeit mit dem Verband ev. Kirchenchöre Deutschlands im Verlag *Oxford University Press* 2005 in Oxford herausgab, sowie in der deutsch-englischen Veröffentlichung *Mit Herz und Mund/Rejoice, My Heart* des Gottesdienst-Institutes der Ev.-Luth. Kirche in Bayern, die im Jahr 2020 in Nürnberg verlegt wurde. [R] [A]

Fassbinder, Heinrich

Heinrich Alfons Fassbinder (* 7. Mai 1889 in Trier-St. Antonius; † 4. Juni 1968 in Ürzig) war ein deutscher Autor katholischer Konfession. Er wurde als zweites von sieben Kindern des Staatskonrektors Nikolaus Fassbinder und seiner Frau Barbara, geb. Kappes, geboren und besuchte im Zeitraum von 1899 bis 1908 das Friedrich-Wilhelm-Gymnasium in Trier, wo das Abitur erwarb. Hieran schloss sich bis Herbst 1912 das Priesterseminar in Trier und der Empfang der Priesterweihe im August 1912 an. Ab August 1912 versah er den Dienst als Kaplan in der Koblenzer Gemeinde St. Josef, wo er am 8. Juli 1915 das Pfarrexamen bestand. Nachdem er ab September 1914 für zwei Jahre das Rektorat im Mutterhaus der

Dominikanerinnen in Arenberg ausübte, legte er im Januar 1918 in Bonn die Prüfung für das Lehramt an höheren Schulen ab, worauf er als Religionslehrer an das private Lehrerinnenseminar Marienau in Vallendar ging, wo er 1925 zum Seminarschulrat ernannt wurde. Eine hochgradige Schwerhörigkeit führte zu seiner Frühpensionierung im November des Jahres 1926. Im Juni desselben Jahres übernahm er die Aufgabe eines geistlichen Beirats der Saarbrücker Druckerei- und Verlag-AG, in der die Saarbrücker Landeszeitung erscheint. Ab Januar 1936 versah er das Amt eines Frühmessherrn (Primissarius) in Ürzig und wurde im Februar 1956 zum päpstlichen Geheimkämmerer (Monsignore) ernannt. Er fand seine letzte Ruhestätte in Ürzig, wo er am 7. Juni 1968 bestattet wurde. Fassbinder gab einen Erziehungsratgeber und Schriften zum Katholizismus und regionalgeschichtliche Werke heraus, die bevorzugt Trier behandeln; hierunter das Buch *Glaubensboten und Glaubenszeugen im Trierer Land*, das 1956 erschienen ist. Im Jahr 1919 veröffentlichte er in Trier eine Sammlung eigener geistliches Lyrik unter dem Titel *Jüngerwege: Geistliche Gedichte*. Im Jahr 1956 erschienen seine *Predigtgedanken*. Darüber hinaus lieferte er zahlreiche Beiträge für das Trierer Bistumsblatt *Paulinus*. [B][R]

Ferkinghoff, Bernhard

Bernhard Ferkinghoff (* 25. April 1934 in Eschweiler bei Aachen, † 19. Dezember 1987 in Lahnstein) war ein römisch-katholischer Theologe und Autor geistlicher Lieder. Er wurde als Sohn des Reviersteigers Heinrich Ferkinghoff (* Brambauer/Lünen, † 1962) und Maria geb. Wolff (* in Nothberg, † nach 1987) geboren und besuchte ab dem Jahr 1946 das Gymnasium in Nothberg. Er legte 1954 dort das Abitur ab, worauf er als Novize in das Kloster Maria Engelport eintrat. Er besuchte das Studienhaus des Oblaten-Ordens in Hünfeld und wechselte nach einem Semester in das internationale Scholastikat in Rom. Im Jahr 1961 wurde er in Roviano/Italien zum Priester geweiht und kehrte 1962 nach Deutschland zurück, wo er in Hünfeld als Dozent für Philosophie lehrte. Im Jahr 1968 folgte eine Gastprofessur im Scholastikat in Massachusetts und 1969 die Übernahme des Amts eines Moderators für die Scholastiker in Hünfeld, während er gleichzeitig sich der diözesanen Jugendarbeit widmete und Präses des Fuldaer Diözesanverbandes des Bundes der Deutschen Katholischen Jugend (BDKJ) wurde. Für seine Verdienste wurden ihm die Bonifatiusmedaille und das BDKJ-Ehrenkreuz in Gold verliehen. Im Jahr 1975 wechselte Ferkinghoff nach Mainz, wo er in der Redaktion der Predigtzeitschrift *Gottes Wort im Kirchenjahr* mitarbeitete. Im Oktober 1978 wurde er als Provinzial für die deutsche Ordensprovinz eingesetzt, wo es zu seinen Hauptaufgaben gehörte, das Generalkapitel 1980 und die anstehende Satzungsrevision vorzubereiten. Dort wurde er zum Generalrat für Europa ernannt. Wenn er in Deutschland war, wohnte er in Lahnstein. Ordensrechtlich gehörte zum Generalhaus in Rom. Von dort aus visitierte er die europäische Region, wobei ihm seine guten Kenntnisse in sechs Sprachen des Kontinents zustattenkamen. Er verstarb an Magenkrebs und wurde in Maria Engelport beigesetzt. Er hat zusammen mit Werner Morgenstern, Alois Albrecht, Karin Heinen, Josef Metternich und Kurt Rose das 1972 entstandene Lied *Unser Leben sei ein Fest* verfasst, das in sehr vielen modernen Sammlungen geistlicher Lieder zu finden ist. [R]

Fickert, George Friedrich

George Friedrich Fickert (* 20. November 1758 in Bartsdorf, auch Barzdorf, bei Striegau in Niederschlesien in der preußischen Provinz Schlesien; † 6. Mai 1815 in Groß Wilkau/Schlesien) war ein deutscher evangelisch-lutherischer Pfarrer, Herausgeber und Lieddichter der niederschlesischen Erweckungsbewegung. Fickert wurde als Sohn eines gleichnamigen Schneidermeisters und seiner Frau Elisabeth, geb. Fichtner, geboren und besuchte ab dem Jahr 1774 das Gymnasium in Schweidnitz. Er studierte ab 1781 an der Universität in Halle/Saale, worauf er, nach 12jähriger Tätigkeit als Hauslehrer, im Jahr 1795 endlich in das ersehnte Pfarramt, und zwar nach Reichau, berufen wurde. Dort heiratete er Christiane Dorothea Laengner (* 3. Juli 1762 in Goldberg/Schlesien, † 26. Oktober 1833 ebenda), die aus einer wohlhabenden, bildungsbürgerlichen Familie stammte, welche der Erweckungsbewegung nahestand. Sie schenkte ihrem Mann sechs Kinder. Im Jahr 1810 wechselte Fickert zu einer Gemeinde in Groß Wilkau, wo er die Kriegsgräuel durchziehender französischer Soldaten erleben musste. Im Jahr 1814 kam es zu einer Ehekrise mit folgender Trennung der Eheleute, die ihren Grund in einer schwerwiegenden psychischen Erkrankung der Frau hatte und die mittelbar den frühen Tod Fickerts bewirkte. Fickert war Herausgeber des *Christlichen Wochenblatts zur Erweckung und Mission* und veröffentlichte dort, ohne Nennung seines Namens, geistliche Lieder, von denen drei überregional bekannt geworden sind und die in Kirchengesangbücher und Liedanthologien des 19. und 20. Jahrhunderts Aufnahme fanden. Im *Evangelischen Gesangbuch (EG)* von 1993 findet sich Fickerts Nachfolge- bzw. Missionslied mit dem Titel *O, dass doch bald dein Feuer brennte*. Eine von Hellmut Eberlein verfasste Biographie Fickerts, die auch die Titel aller 81 Lieder nennt, erschien im Jahr 1933 am Verlagsort Liegnitz unter dem Titel *George Friedrich Fickert. Leben und Wirken.* [W][R]

Flad, Christian Rudolf

Christian Rudolf Flad (* 18. April 1804 in Stuttgart/Herzogtum Württemberg; † 15. Juli 1830 ebenda) war ein deutscher evangelisch-lutherischer Pfarrer und Lieddichter. Flad war befreundet mit den Amtskollegen und Dichtern Johann Christoph Blumhardt (1805-1880) und Eduard Mörike (1804-1875). Flad war zuletzt Vikar in Oßweil bei Ludwigsburg und Stuttgart und verstarb früh mit 26 Jahren. Er hinterließ das geistliche Lied *Ist's auch eine Freude, Mensch geboren sein*, das Aufnahme in Gesangbücher fand und von dem es mehrere Varianten gibt. [R]

Florenz, Hans

Hans Florenz (* 30. Dezember 1953 in Bensberg bei Köln) ist ein deutscher Komponist, Chorleiter, Bariton-Sänger und Autor moderner geistlicher Lieder. Er ist römisch-katholischer Konfession. Er zog mit seinen Eltern, Johann Florenz (1920–2006) und Paula Florenz, geb. Wichert (1919–2017), in den Kölner Stadtteil Ostheim, wo er seinen ersten Gitarrenunterricht erhielt. Später erlernte er klassische Gitarre, Klavier und Chorleitung. Er legte im Jahr 1974 am Berufskolleg an der Lindenstraße in Köln das Abitur ab und studierte Französisch, Wirtschaftswissenschaften und Mathematik. Nach dem Referendariat trat er in den Schuldienst ein und unterrichtete ab dem Jahr 1984 am Berufskolleg an der Lindenstraße in Köln und ab 1985 am Max-Weber-Berufskolleg in Düsseldorf. Ab dem Jahr 1990 arbeitete er bis zu seinem Ruhestand im Juli 2019 am Berufskolleg Südstadt in Köln, ab

2005 als Leiter der Fachschule für Außenhandel und als Netzwerkkoordinator für internationale Kontakte. Außerdem war er 25 Jahre lang für die Bezirksregierung Köln in leitender Funktion als Fachberater im Prüfungsverfahren für kaufmännische Assistenten tätig. Florenz war während seines Studiums ehrenamtlicher Mitarbeiter der Basilika Sacré Coeur in Paris, wo er in einem internationalen Team mitarbeitete und u. a. Jugendgottesdienste (*Messes des Jeunes*) mitgestaltete. Im Jahr 2000 lernte er den Komponisten Michel Ambroise Wackenheim (* 1945), später Dompropst im Straßburger Münster, kennen, mit dem er bis heute befreundet ist, und übertrug eine Vielzahl seiner französischen Lieder ins Deutsche. Seit dem Jahr 1970 war Florenz viele Jahre lang Mitarbeiter im Arbeitskreis *SINGLES - Singen. Internationaler Neuer Geistlicher Lieder - Ein Serviceangebot* im Erzbistum Köln, trat als Band- und Chorleiter in Erscheinung (Chor & Band *Ezechiel*, Band *Condor*, Chor & Band *Neuschnee*) und schrieb Chorsätze, kleine Orchester- und Bandarrangements und Liedtexte. Am 23. August 1980 sang er das Baritonsolo bei der Uraufführung der Kölner Domfestmesse *Wo Jahr und Tag nicht zählt* von Klaus Lüchtefeld (Text) und Heinz-Martin Lonquich (Musik) mit sechs Chören und großem Orchester im Kölner Dom. Florenz war befreundet mit dem 2018 verstorbenen Komponisten Hans-Jörg Böckeler (* 1944) aus Krefeld und begleitete diesen mit dessen Dionysius-Chor auf vielen Auslandsreisen. Seit dem Jahr 2013 ist Hans Florenz Mitglied des ökumenischen Vereins *inTAKT e.V.* zur Förderung des Neuen geistlichen Liedes, Kunst, Kultur und Bildung. Seine Lieder wurden mehrfach mit Noten (*SINGLES Liedblätter*, Liedersammlungen im Dehm-Verlag, Limburg u.a.) und auf Tonträgern veröffentlicht. Zwei seiner insgesamt mehr als 150 Lieder werden im Stammteil des katholischen Gesangbuchs *Gotteslob* verwendet. Im Gesangbuch der Evangelischen Brüdergemeine, das im Jahr 2007 in Bad Boll erschienen ist, sind alle sechs Strophen seines Christusliedes *Wenn wir das Leben teilen* enthalten, während bei der Veröffentlichung im katholischen Gesangbuch *Gotteslob* die ursprünglich vierte Strophe weggelassen wurde. Gerade diese Strophe war es aber, die kurz vor der deutschen Wiedervereinigung wegen der Textzeile *Wenn erst durch unsern Aufschrei Freiheit sichtbar wird, wenn Gott es ist, der uns in unserm Handeln führt* zu einer starken Nachfrage in der ehemaligen DDR geführt hatte. Florenz ist verheiratet und hat zwei Töchter. [W][R][A]

Franck, Gustav

Karl Gustav Franck, auch Carl (* 26. Oktober 1811 in Stettin/Königreich Preußen, † 2. Januar 1845 in Gingst/Insel Rügen) war ein deutscher evangelisch-lutherischer Pfarrer. Er wurde als Sohn des Seilermeisters Georg Franck und seiner Frau Sophia, geb. Krüger, geboren und besuchte das Gymnasium in Stettin. Nachdem er an der Universität in Greifswald studiert hatte, wurde er als Diakon (Zweiter Pfarrer) auf die Insel Rügen berufen. Franck verstarb an einer Lungenkrankheit und wurde am 2. Januar 1845 auf dem Friedhof von Gingst beerdigt. Er war verheiratet mit Julie Luise Friederike, auch Friederica, geb. Schlutow, aus Greifswald und hatte mit ihr zwei Töchter, die am 6. Juni 1840 geborene Sophie Marie Elisabeth und die nach seinem Tod am 8. April 1845 geborene Gustava Sophie Anna. Franck schrieb Aufsätze für verschiedene Literaturzeitungen und veröffentlichte die Gedichtsammlung *Die Missionsharfe*, die 1844 in Berlin verlegt wurde und mindestens eine Folgeauflage erlebte. In das

Evangelische Gesangbuch für Stralsund und Greifswald, das im Jahr 1887 in Greifswald verlegt wurde, wurde ein Lied von Franck aufgenommen. Es handelt sich um ein Missionslied zu fünf Strophen und hat den Titel *Du willst sie alle zu dir ziehen.* [R]

Fritzsche, Gerhard

Martin Gerhard Fritzsche (* 23. April 1911 in Dittmannsdorf, Königreich Sachsen; † 22. Dezember 1944 in Woroschi-Iowgrad/Ukraine) war ein deutscher evangelisch-lutherischer Verfasser von religiösen Singspielen und Liedern. Fritzsche wurde als Sohn eines Webers im Erzgebirge geboren und arbeitete nach dem Abschluss seiner Grundschulzeit zunächst ebenfalls am Webstuhl. Fritzsche war bekennender Christ, Mitglied des Jugendbundes für Entschiedenes Christentum (EC) und als solcher von Anfang an in Opposition zu dem nationalsozialistischen Terrorregime. Im Jahr 1936 übernahm Fritzsche die Position eines Jugendwarts im Kirchenkreis Kamenz. 1938 wirkt er als Jungdiakon seiner Kirche und schrieb erste Liedtexte, die von Alfred Stier vertont wurden. In den Jahren zwischen 1939 und 1940 war Fritzsche Jugendleiter der Himmelfahrtskirche in Dresden-Leuben. Im März 1940 zum Kriegsdienst eingezogen, war er zunächst Fahrer in La Rochelle/Frankreich und wurde 1941 an die Ostfront verlegt. Dort geriet er 1944 in sowjetische Kriegsgefangenschaft und verstarb in einem Lager in Woroschi-Iowgrad in der Ukraine. Er war verheiratet mit Melitta Ilse, geb. Arnhold und hatte mit ihr zwei Töchter, von denen das zweite Kind mit sechs Monaten starb. Im Jahr 1939 hatte er mit anderen Lieddichtern eine Zusammenstellung von geistlichen Liedern unter dem Titel *Schwert und Kelle* herausgegeben. Weitere Lieder stehen in zwei weiteren Anthologien. Darüber hinaus gibt es christliche Singspiele aus seiner Feder. Sein Lied *Gelobt sei deine Treu, die jeden Morgen neu* steht in mehreren Regionalteilen des Evangelischen Gesangbuchs (EG) von 1993. In der 1946 von Friedrich Samuel Rothenberg (1910-1997) in Göttingen herausgegebenen Sammlung neuer geistlicher Gedichte, die unter dem Titel *Lob aus der Tiefe - Junge geistliche Dichtung* erschien, stehen zwölf Lieder von Fritzsche. [R]

Gambs, Christoph Karl

Christoph Karl Gambs (* 6. September 1759 in Straßburg, † 1822) war ein deutscher evangelisch-lutherischer Pfarrer und Lieddichter. Er wurde als Sohn des Küfers Johann Christoph Gambs und Katharina Dorothea, geb. Hühn, geboren und studierte ab dem Jahr 1774 an der Universität seiner Vaterstadt. Im Zeitraum zwischen 1784 und 1806 war er Legationsprediger in Paris, worauf er ein Jahr später als Pastor an die Kirche St. Angarii in Bremen berufen wurde, wo er bis zu seinem Tod im Amt blieb. Er war seit dem 10. Oktober 1791 mit Anna Maria Meyer aus Colmar verheiratet, mit der er drei Söhne und drei Töchter hatte. Aus seiner Feder sind zwei geistliche Lieder überliefert, die im 1837 erschienenen *Christlichen Gesangbuch zur Beförderung öffentlicher und häuslicher Andacht für Bremen* stehen. [R]

Gamersfelder, Hans

Hans Gamersfelder war ein deutscher Beamter, Kaufmann und geistlicher Dichter, der im 16. Jahrhundert lebte. Er kann als Bürger zu Burghausen/Oberbayern in der Zeit zwischen 1538 und 1563 nach Christus nachgewiesen werden, wo er als Meistersänger bezeichnet wird. Darüber hinaus kann er in den Jahren 1553, 1554 und zwischen 1560 und 1564 als

Bürgermeister von Burghausen identifiziert werden. Zudem übte er das Amt eines Spitalpflegers aus und wird im Jahr 1560 als Amtsverwalter des Stadtgerichts genannt. Für die Jahre 1538 und 1539 erwarb er die Lizenz für den Salzhandel. Die Stadt Burghausen entsandte ihn im Jahr 1563 zum Ingolstädter Landtag, wo er als Anhänger der Augsburger Konfession geführt wurde, was bedeutet, dass er evangelisch-lutherischer Konfession gewesen sein muss. Für das Jahr 1576 liegt eine Steuererklärung seiner Witwe vor, ein Umstand, der belegt, dass Gamersfelder vor oder in dem genannten Jahr verstorben sein muss. Sein Werk besteht aus einer Nachdichtung der Psalmen des Alten Testaments in Liedform, die siebenzeilige Strophen haben und im Jahr 1542 in Nürnberg unter dem Titel *Der gantz Psalter Davids: in gesangsweyse gestelt* erschienen. [B][W][R]

Gassmann, Lothar

Lothar Gassmann (* 19. November 1958 in Pforzheim/Baden) ist ein evangelischer Publizist, Theologe und Liederdichter. Von 1977 bis 1984 studierte er Theologie an der Universität in Tübingen und promovierte im Jahr 1992. Im Zeitraum zwischen 1991 und 1993 war er Vikar der badischen Landeskirche und anschließend bis 1997 Dozent für christliche Dogmatik und Apologetik an der Freien Theologischen Akademie Gießen. Im Jahr 1998 verließ er die Landeskirche und ist seitdem freikirchlicher Konfession. In den Jahren zwischen 2003 und 2005 war Gassmann Schriftleiter der Zeitschrift *Erneuerung und Abwehr*, sowie zwischen 2006 und 2008 Leiter des christlichen *Zeitjournals* und seit 2009 des Periodikums *Der schmale Weg*. In den Jahren zwischen 1998 und 2008 bekleidete er die Stelle eines Sekten- und Weltanschauungsbeauftragten der Arbeitsgemeinschaft für Religiöse Fragen.

Er ist Prediger und Evangelist des 2009 von ihm mitgegründeten *Vereins Christlicher Gemeinde-Dienst* (CGD), Mitbegründer der *Freien Bibelgemeinde Pforzheim* und des Jeremia-Verlags in Karlsruhe. Gassmann ist darüber hinaus Redakteur der Zeitschrift *Aufblick und Ausblick* und verfasste bis heute über 150 Bücher und zahlreiche Aufsätze zu geistlichen, theologischen und zeitkritischen Themen. Er ist Begründer und (Mit-)Herausgeber von Buch- und Lexikonreihen und trat als Spitzenkandidat der Partei Bibeltreuer Christen (PBC) für die Europawahl 2009 an. Er verfasste bis heute über 300 geistliche Lieder, für die er teilweise auch die Melodien schrieb. [W][R][A]

Gebhardt, Carl Martin Franz

Carl Martin Franz Gebhardt (* 25. September 1750 in Udestedt/Erfurter Staat (Kurfürstentum Mainz); † 3. Dezember 1813) war ein deutscher evangelisch-lutherischer Pfarrer, Hochschullehrer, Herausgeber und Lieddichter. Er wurde als Sohn des Schulmeisters und Organisten Johann Ernst Friedrich Gebhardt und Johanne Dorothea Wedekind geboren und besuchte das Ratsgymnasium in Gotha. Hierauf studierte er Philosophie und Theologie in Jena. Nach dem Studium verdiente er sich den Lebensunterhalt zunächst als Hauslehrer bevor er Lehrer in Erfurt war. Im Jahr 1777 wurde er als Pfarrer für die Gemeinden von Hayn und Schellroda ordiniert und wechselte drei Jahre später nach Schallenburg. Im Jahr 1785 wurde er als Diakon an die Gemeinde von St. Andreä (heute Andreas-Gemeinde) berufen und stieg 1791 zum Pfarrer auf, übernahm im selben Jahr als ordentlicher Professor einen Lehrstuhl für Theologie in Erfurt und wirkte auch als Oberschulrat und Inspektor des Evangelischen Waisenhauses. Im

Jahr 1796 gab er zusammen mit J. H. Engelhard und Kaspar Friedrich Lossius (1753-1817) ein neues Evangelisches Kirchengesangbuch heraus, das mehrere Auflagen erlebte und zu dem er auch eigene Lieder beisteuerte. Gebhardt war seit 1782 verheiratet mit Susanna Juliana Regina Büchner († 1827), Tochter des Kommerzienrats und Stadtkämmerers Johann Heinrich Büchner; aus der Verbindung ist ein Sohn, der spätere Beamte Heinrich Ernst Zacharias Gebhardt (* 1785), namentlich bekannt. [R]

Gere., Dan.

Dan. Gere. ist der (ggf. abgekürzte) Name eines unbekannten Lieddichters, der gem. dem Buch *Zur Geschichte der Berliner Gesangbücher*, das von J. F. Bachmann 1856 in Berlin herausgegeben wurde, das Abendlied *Die Nacht bricht an, die Sonn ist hin* verfasst haben soll. Dieses Lied befinde sich in zwei Auflagen des Gesangbuchs *Praxis pietatis melica*, nämlich in denen der Jahre von 1664 und 1666. Nachforschungen dort haben ergeben, dass das Lied an den zwei angegebenen Orten definitiv nicht steht. Weder der Autor noch das Lied sind derzeit in einem hymnologischen Werk oder in einem Kirchengesangbuch nachzuweisen. [R]

Gerloff, Peter

Peter Gerloff (* 1957 in Münster) ist ein katholischer Priester und Autor geistlicher Lieder. Er studierte Evangelische Theologie und absolvierte ab dem Jahr 1981 das Vikariat in seiner Landeskirche. Im Jahr 1984 wurde er Pfarrer im Ruhrgebiet. Er konvertierte im Jahr 1990 zur römisch-katholischen Konfession und war von 1992 bis 2003 Krankenhausseelsorger am Landeskrankenhaus Hildesheim. 1995 wurde er zum Priester geweiht und war danach Subsidiar in Westfeld und seit 1999 in Hildesheim. Im Zeitraum zwischen 2004 und 2013 diente er als Pfarrer Gemeinden in Sehnde und Bolzum und war hierauf Pfarrer in Bad Nenndorf. Seit September 2015 ist er Pfarrvikar in Goslar, Bad Harzburg und Liebenburg. Im Liederbuch *All meine Quellen entspringen in dir* finden sich 24 seiner Lieder; im Stammteil des katholischen Gesangbuchs *Gotteslob* aus dem Jahr 2013 stehen sechs Lieder von Gerloff. Er ist verheiratet und hat drei Kinder.

Goes, Siegfried

Siegfried Goes (* 27. November 1914 in Tübingen/Königreich Württemberg, † 20. Februar 1943 bei Kursk/Zentralrussland) war ein evangelisch-lutherischer Pfarrer der Landeskirche Württemberg, Offizier und Schriftsteller. Goes legte im Sommer 1937 die Erste Theologische Dienstprüfung in Tübingen ab und war anschließend vom 11. August bis zum 26. Oktober 1937 Amtsverweser in Aichelberg im Dekanat Calw und Stadtvikar in Schramberg im Dekanat Sulz. Am 1. September 1939 wurde er zum Heeresdienst eingezogen und diente bis zum 30. Dezember 1941. In der folgenden Zeit absolvierte er in Backnang die Vikariatszeit und wurde am 6. Januar 1942 wiederum eingezogen. Er wurde bei der Verteidigung des Dorfes Lobrowa gegen die Rote Armee, die während eines Schneetreibens angriff, schwer verwundet und verstarb am 20. Februar 1943 auf dem Weg ins Lazarett. Seine Personalakte wird im Landeskirchlichen Archiv in Stuttgart unter der Personalnummer A 127 geführt. Dieser Akte sind die o.a. Angaben entnommen. Ein von Goes verfasstes Totengedenklied für die gefallenen Soldaten wurde in das Evangelische Kirchengesangbuch für die Landeskirche in Württemberg aufgenommen, das 1953 in Stuttgart erschienen ist. Es heißt *All, die gefalln in Meer und Land* und hat drei Strophen. Der Komponist

Erik Alfred Metzler (1914-1999) vertonte dieses Lied unter dem Titel *Totenehrung* für gemischten Chor. Von Goes sind darüber hinaus kleinere Zusammenstellung seiner Lieder und Erzählungen ab 1945 in Privatdrucken erschienen. Unter dem Titel *Der Lindenhof* wurde 1948 sein *Spiel zum Gleichnis vom undankbaren Knecht* veröffentlicht. Seine geistlichen Lieder stehen u. a. in der 1947 erschienenen Sammlung *Dem Tag entgegen*. Ein bekannteres Neujahrslied von Goes heißt *O haltet ein, noch ist es Zeit*. In der 1946 in Göttingen von Friedrich Samuel Rothenberg (1910-1997) herausgegebenen Sammlung neuer geistlicher Gedichte, die unter dem Titel *Lob aus der Tiefe* erschien, stehen vier Lieder von Goes. [R]

Gottschick, Friedemann

Friedemann Gottschick, der Ältere (* 30. März 1928 in Breslau) ist ein deutscher evangelischer Kirchenmusiker, -lieddichter und Hochschullehrer. Er wurde als Sohn des Pfarrers Friedrich Wilhelm Hermann Gottschick (1881-1957) und Ernestine Elfriede Katharina, geb. Israel, (1889-1976) geboren und besuchte in den Jahren zwischen 1936 und 1944 die Schule in Breslau. Im Jahr 1947 legte er das Abitur in Schulpforta ab und studierte anschließend Kirchenmusik in Berlin-Spandau und in Düsseldorf-Kaiserswerth. Gottschick legte im Jahr 1952 das A-Examen als Kirchenmusiker in Köln ab und wurde im Jahr 1953 als Kantor an die Lutherkirche in Düsseldorf berufen, wo er bis 1970 Dienst tat. Seit dem Jahr 1958 war er bis zum Jahr 1970 zusätzlich Dozent an der Landeskirchenmusikschule in Düsseldorf und leitete in den Jahren zwischen 1970 und 1976 die Abteilung für Evangelische Kirchenmusik am Robert-Schumann-Institut in Düsseldorf. Im Jahr 1975 erfolgte die Ernennung zum Professor. Im folgenden Jahr wechselte er als Kantor und Kirchenmusikdirektor zu den Bodelschwinghschen Anstalten Bethel in Bielefeld. In das Evangelische Gesangbuch (EG) von 1993 wurden zwei seiner Lieder aufgenommen. Es ist zum einen das Kreuz- und Trostlied *Gott, mein Gott, warum hast du mich verlassen* und das Psalmlied *Öffne meine Augen*, das er als Kanon eingerichtet hat. Er war seit 1954 mit Marianne Koch (1925-2012) verheiratet; sein Sohn ist der Berliner Kirchenmusiker Friedemann Gottschick, der Jüngere. [W][R]

Gralle, Albrecht

Albrecht Hermann Gralle (* 1949 in Stuttgart/Baden-Württemberg) ist ein evangelisch-baptistischer Pfarrer, Schriftsteller und Autor moderner geistlicher Lieder. Er wurde als Sohn des Juristen Horst Gralle (1915-1957) und der Drogistin Hedwig Gralle (1915-2006) geboren und besuchte im Zeitraum zwischen 1956 und 1960 die Grundschule in Stuttgart-Stammheim. Hieran schloss sich das Johannes-Kepler-Gymnasium in Stuttgart-Bad Cannstatt und ab 1969 der Zivildienst im Diakonissen-Krankenhaus Stuttgart, Rosenbergstraße an. Anschließend studierte Gralle im Zeitraum zwischen 1971 und 1976 am Theologischen Seminar des Bundes Evangelisch-Freikirchlicher Gemeinden Hamburg-Horn und an der Theologischen Fakultät der Universität Hamburg. Er erwarb den Magistertitel und leistete ab dem Jahr 1977 das Vikariat in der Evangelisch-Freikirchlichen Gemeinde Hamburg, wo er die Zweiggemeinde Großhansdorf betreute. Nach seiner Ordination drei Jahre später ging Gralle im Jahr 1981 mit seiner Frau, der Augenärztin Ingrid Gralle, im Auftrag der Europäisch-Baptist. Missionsgesellschaft nach Sierra Leone, wo seine Frau sich im medizinischen Bereich engagierte und Gralle am Theologischen Seminar der *Baptist Convention of*

Sierra Leone (BCSL) unterrichtete. Im Jahr 1987 übernahm Gralle das Pfarramt der Evangelisch-Freikirchlichen Gemeinde Northeim, wo er bis 1993 im Dienst stand. Seitdem lebt er als freier Schriftsteller und verfasst neben Erzählungen, Kurzgeschichten, Romanen, Kinder- und Jugendbüchern auch bislang über 150 geistliche Lieder, von denen drei im Gesangbuch *Feiern und Loben* stehen, das vom Bund Freier evangelischer Gemeinden und dem Bund Evangelisch-Freikirchlicher Gemeinden im Jahr 2003 herausgegeben wurde. Albrecht Gralle hat vier Kinder. [W][R][A]

Greiner, Jakob Friedrich

Jakob Friedrich Greiner (* 9. Mai 1838 in Brombach/Großherzogtum Baden, † 14. Dezember 1923 in Wiesloch) war ein deutscher evangelischer Reiseprediger und Stadtmissionar. Greiner wurde als Sohn des Bürgermeisters, Landwirts und Schuhmachers Johannes Greiner (1800-1857) und seiner Frau Margarete, geb. Reinacher, (1807-1869) geboren und am 20. Mai 1838 getauft. Nach seiner Konfirmation erlernte er in Basel das Schuhmacher-Handwerk und kam im Jahr 1848 in Kontakt mit der evangelisch-pietistischen *Chrischona*-Gemeinschaft in Brombach. Nach Ableistung seines Militärdiensts bei einem Dragoner-Regiment in Mannheim und Rastatt wandte sich Greiner im Jahr 1849 der Mission zu und wurde Reiseprediger des Evangelischen Vereins für Innere Mission Augsburgischen Bekenntnisses in Pforzheim. Darüber hinaus ist sein Name verbunden mit der Gründung der evangelischen Kinderschulen der Stadt Worms und des evangelischen Schwesternhauses Bethesda. Greiner war ab 1881 der erste hauptamtliche Prediger und langjährige Leiter der Stadtmission in Worms, die heute dem *Chrischona*-Gemeinschaftswerk in

Gießen angehört. Greiner rief die erste evangelische Kinderschule in Worms ins Lebens und initiierte eine Reihe weiterer sozial-diakonischer Einrichtungen. Außerdem gründete er 1886 den Evangelischen Verein für Innere Mission in Hessen als Zusammenschluss der in Rheinhessen und Starkenburg bestehenden Gemeinschaften. Er war verheiratet mit Katharina Christine, geb. Elker, und hatte mit ihr zehn Kinder, darunter Daniel Greiner (1872-1943), der Pfarrer, Politiker, Bildhauer, Medailleur, Grafiker und Schriftsteller war und eine mit eigenen Holzschnitten versehene Bibel, die *Greiner-Bibel*, herausgab. Einer der Brüder Greiners war der Ostafrika-Missionar Johann Jakob Greiner (1842–1905). Jakob Friedrich Greiner fand seine letzte Ruhestätte auf dem Hauptfriedhof in Worms. In der Liedsammlung der Deutschen Zeltmission, den *Sieges-Lieder*, die im Jahr 1911 in Geisweid/Westfalen erschienen ist, steht ein geistliches Lied Greiners. Es hat den Titel *Der Liebe Höh' ist Golgatha* und hat sechs Strophen. [R]

Groß, Carsten

Carsten Groß (* 1972 in Stadthagen/Niedersachsen) ist ein deutscher Lieddichter und Komponist evangelisch-lutherischer Konfession. Nach einem Lehramtsstudium der Musik und Theologie trat er in den Schuldienst ein und arbeitet als Gymnasiallehrer in Bad Nenndorf. Er gehört der Musikband *praisemusic* an, die mit christlichen Liedern auftritt und deren Musik auf Tonträger erhältlich ist. Bisher hat Groß über 50 Lieder verfasst. Ein Lied steht im Gesangbuch *Feiern und Loben*, das vom Bund Freier evangelischer Gemeinden und dem Bund Evangelisch-Freikirchlicher Gemeinden im Jahr 2003 herausgegeben wurde und zu dem Groß auch die Melodie und den Satz abgefasst hat. Es heißt *Stille vor dir, mein*

Vater und stammt aus dem Jahr 1998. Weitere Lieder von Groß stehen beispielsweise in den Liedbüchern *Feiert Jesus!* aus dem Hänssler-Verlag in Neuhausen-Stuttgart und *Singt von Jesus*, das vom Deutschen Jugendverband *Entschieden für Christus (EC)* im Born-Verlag veröffentlicht wurde. Groß ist verheiratet und hat zwei Kinder. [R] [A]

Großmann, Barbara

Barbara Großmann, geb. Jobst (* 1971 in Neustadt a. d. Aisch/Bayern) ist katholische Diplom- und Kulturpädagogin und verfasst Texte und Melodien geistlicher Lieder. Sie wurde als Tochter von Annemarie (*1947) und Herbert Jobst (1942-2014) geboren und besuchte die Grundschule ihrer Heimatstadt, worauf sie ab dem Jahr 1981 das Friedrich-Alexander-Gymnasium in Neustadt/Aisch absolvierte. Anschließend studierte sie im Zeitraum zwischen 1990 und 1997 in Bamberg Pädagogik und schloss das Studium mit dem Titel einer Diplom-Pädagogin ab. Sie war in den Jahren zwischen 1995 und 2011 Bildungsreferentin bei der *Katholischen jungen Gemeinde* in Bamberg und ist seit 2017 pädagogische Mitarbeiterin im Familienstützpunkt im Mütterzentrum Ebermannstadt. Sie arbeitet ehrenamtlich in der *Werkstatt NGL (Neues geistliches Lied)* der Erzdiözese Bamberg mit. Großmann ist verheiratet und hat einen Sohn. [R][A]

Gutbrod, Gottlob

Gottlob Julius Friedrich Gutbrod (* 26. März 1841 in Stuttgart/Königreich Württemberg; † 7. April 1893 in Uhlbach) war ein deutscher evangelisch-lutherischer Pfarrer und Schriftsteller. Er wurde als Sohn des Stadtschultheißen Georg Gottlob Gutbrod (1791-1861) geboren, viele Vorfahren väterlicherseits waren

Pfarrer, die der Kirche seit der Reformationszeit gedient hatten. Nach dem Studium der Theologie legte Gutbrod im Jahr 1863 die Kandidatenprüfung ab und verbrachte eine Zeit am Missionshaus in Basel, von wo er 1868 als Pfarrer nach Liverpool zog. Im Jahr 1869 legte er die Anstellungsprüfung ab und wurde als Pfarrverweser nach Gaisburg berufen. Noch imselben Jahr wechselte er an das Schullehrerseminar in Esslingen, um ebenfalls im Jahr 1869 eine Gemeinde in Maulbronn zu übernehmen, wo er bis 1872 im Dienst war. Anschließend wurde er als Diakon (Zweiter Pfarrer) nach Bietigheim berufen und war ab 1878 Pfarrer in Kohlberg. Schließlich übernahm er im Jahr 1890 die Pfarrstelle in Uhlbach, einem Ort, der heute ein Stadtteil von Stuttgart ist, wo er drei Jahre später verstarb. Gutbrod übertrug geistliche Lieder ins Deutsche, so beispielsweise das Abendlied *O bleibe, Herr, der Abend bricht herein* aus dem Englischen. Dieses Lied findet sich in der 1881 von Ernst Gebhardt herausgegebenen Liedsammlung *Frohe Botschaft und Evangeliums-Lieder*. Darüber hinaus verfasste Gutbrod die Erzählung *Römische Bruderliebe - Eine Geschichte aus der Reformationszeit*, die 1890 in Leipzig verlegt wurde. Sein Sohn Hermann Karl Otto Gutbrod (* 1876) war ebenfalls Pfarrer. [R]

Haacker, Klaus

Klaus Haacker (* 26. August 1942 in Wiesbaden-Erbenheim) ist ein deutscher evangelischer Theologe, Hochschullehrer, Herausgeber, Verfasser geistlicher Gedichte und Lieder, sowie Liedübersetzer. Er wurde als Sohn von Erna Eichenberg, geb. Dreßler (1916-2010) und dem Bäckermeister Bernhard Haacker (* 1913; † im Dezember 1942 in Russland gefallen) geboren und studierte nach dem Abitur an der Oranienschule Wiesbaden evangelische Theologie in Mainz, Göttingen, Münster und v. a. Heidelberg, wo er auch das Examen ablegte. Im Jahr 1970 promovierte Haacker in Mainz zum Dr. theol. und arbeitete von 1970 bis 1974 als Wissenschaftlicher Angestellter mit Lehrauftrag am Institutum Judaicum in Tübingen. Im Jahr 1974 wurde er Dozent, 1976 Professor für Neues Testament an der Kirchlichen Hochschule Wuppertal und im Jahr 2007 emeritiert. Haacker ist seit 1976 Mitglied der *Studiorum Novi Testamenti Societas* (SNTS), der internationalen Gesellschaft für die neutestamentliche Wissenschaft. Von 1982 bis 1996 war er Mitglied im Ausschuss *Christen und Juden* der Evangelischen Kirche im Rheinland, Herausgeber der Neubearbeitung des *Theologischen Begriffslexikons zum Neuen Testament* (1997-2000), sowie Mitbegründer (1970) und Herausgeber (1977-2007) der Zeitschrift *Theologische Beiträge*. Haacker war Mitarbeiter mehrerer Bibelübersetzungen und -revisionen. Eine Auswahl aus den Gedichten und Liedern Haackers erschien im Jahr 2009 in Wuppertal unter dem Titel *Der Herr ist mein Gärtner*. Sein Lied *O Wunder der Barmherzigkeit* ist eine Übertragung des englischen *Amazing Grace* und findet sich u.a. im Gesangbuch *Feiern und Loben,* das im Jahr 2003 erschienen ist. Haacker ist seit 1964 mit der Diplom-Psychologin Dorothea Damrath verheiratet, aus der Ehe gingen zwei Söhne hervor. Der ältere Sohn Markus ist promovierter Ökonom mit dem Schwerpunkt Volkswirtschaft und Gesundheitspolitik, der jüngere Christoph Gründer und Leiter des *Arco-Verlags*. Klaus Haackers Bruder war Dr. rer. nat. Ulrich Haacker (1939-1972), ein international beachteter Zoologe, der seine Berufung auf eine Professur in Darmstadt wegen akuter Leukämie nicht mehr annehmen konnte. [B][W][R][A]

Haas, Robert

Robert Haas (* 12. Januar 1964 in Kempten/Allgäu) ist ein römisch-katholischer Theologe, Verleger, Komponist und Lieddichter. Er wurde als Sohn von Heinrich Haas und Lieselotte Haas, geb. Kramer, geboren und besuchte in seiner Geburtsstadt ab 1970 die Konrad-Adenauer-Grundschule, ab 1974 die Volksschule auf dem Lindenberg und zwischen 1975 und 1983 das Carl-von-Linde-Gymnasium. Hieran schloss sich zwischen 1984 und 1990 ein Studium der Theologie an der Universität München an, das mit dem Diplom abgeschlossen wurde. Anschließend fand er eine Anstellung als Pastoralreferent in der Gemeindeseelsorge in Haldenwang und Bad Grönenbach und dann ab 2002 als Ehe- und Familienseelsorger im Bistum Augsburg und *Referent für Neue Geistliche Lieder* im Amt für Kirchenmusik im Bistum Augsburg. Haas ist verheiratet und hat zwei Kinder. Er hat bis heute mehrere Messen und etwa 400 Lieder geschrieben und komponiert, die in zeitgenössischen Liederbüchern und auf Tonträgern, zum Teil im eigenen Robert-Haas-Musikverlag, erschienen sind. Diese entstanden zu verschiedenen Anlässen im Kirchenjahr; für viele hat er auch mehrstimmige Chorsätze geschrieben. Mit seinem Ensemble *Robert Haas* trat er bisher auf vielen Veranstaltungen, Stadtfesten und Kirchentagen auf. [W][R][A]

Hamp, Volkmar

Volkmar Hamp (* 15. September 1964 in Maroua/Kamerun) ist ein deutscher evangelisch-freikirchlicher Theologe (Baptist). Seine Eltern, der Pastor Edelmut Hamp (* 1936) und die Ärztin Gisela Hamp, geb. Krause (1932-2020), waren Missionare der *Europäischen Baptistischen Mission* (EBM) in Kamerun und anschließend für den *Bund Evangelisch-Freikirchlicher Gemeinden in Deutschland* (BEFG) im Gemeindedienst tätig. Volkmar Hamp besuchte im Zeitraum zwischen 1970 und 1972 in Gronau/Westfalen und zwischen 1972 und 1974 in Velbert im Rheinland die Grundschule. Dort ging er anschließend auf das Nikolaus-Ehlen-Gymnasium, wo er im Jahr 1983 sein Abitur ablegte. Danach studierte er zwischen 1983 und 1991 evangelische Theologie in Bochum und Heidelberg und arbeitete im Anschluss daran bis 1994 als wissenschaftlicher Mitarbeiter für die Buchreihe *Fontes Christiani* an der Ruhr-Universität in Bochum. Im Frühjahr 1994 wurde er auf die Stelle des Referenten für *Kinder- und Jungschararbeit im Gemeindejugendwerk* (GJW) des Bund Evangelisch-Freikirchlicher Gemeinden im Rheinland berufen und wechselte 1999 in die GJW-Bundesgeschäftsstelle nach Elstal bei Berlin, wo er bis 2014 Referent für die Arbeit mit Kindern war und seitdem als Referent für Redaktionelles arbeitet. Volkmar Hamp lebt in Berlin und ist dort Mitglied der Baptistenkirche Wedding. In seiner Funktion als Kinder- und Jungscharreferent und in der ehrenamtlichen Kinder- und Jugendchorarbeit hat er diverse Lieder für Kinder, Jugendliche und Erwachsene geschrieben, darunter z.B. die deutschen Texte für das Kinder-Musical *Arche-ologie oder: Der Noah-Überlebenstrick*, erschienen im Jahr 1998 im Verlag Klaus Gerth in Asslar. Im Gesangbuch *Feiern und Loben,* das im Jahr 2003 vom Bund Freier ev. Gemeinden und vom Bund Ev.-Freikirchlicher Gemeinden herausgegeben wurde, ist er mit dem Lied *Mehr als ein Buch* vertreten. Einige weitere Lieder finden sich in den GJW-Kinderliederbüchern *Jede Menge Töne* (2001) und *Jede Menge Töne 2* (2012), die beide im Oncken-Verlag in Kassel erschienen sind. [R] [A]

Heisler, Helge

Helge Heisler (* 25. August 1926 in Heidelberg/Republik Baden; † 2. Juli 2017 in Königsfeld im Schwarzwald) war ein deutscher evangelischer Pfarrer, Übersetzer und Schriftsteller. Heisler wurde als Sohn eines Arztes geboren; seine Mutter war Sängerin, die bei der Geburt einer Schwester verstarb. Nach dem Besuch der Grundschule besuchte Heisler die Knabenanstalt der Herrnhuter Brüdergemeine. Nach der Konfirmation im Jahr 1940 und dem Abitur im Jahr 1944 wurde er zum Kriegsdienst eingezogen und geriet in französische Gefangenschaft. Im Jahr 1946 kehrte er nach Hause zurück und studierte in den folgenden Jahren in Tübingen, Göttingen, Lund in Schweden und Heidelberg Theologie, worauf er sein Vikariat in der Christuskirche in Freiburg/Br. absolvierte. Hier war er u. a. für die Jugendarbeit in der Filialgemeinde Günterstal verantwortlich. Anschließend fand er als Pfarrer eine Anstellung im Sekretariat des Bischofs der Badischen Landeskirche, Julius Bender. Im Jahr 1956 beantragte Heisler, zusätzlich zu seiner Mitgliedschaft in der Landeskirche, die Aufnahme in die Herrnhuter Brüdergemeine. Im Jahr 1958 wurde Heisler als kommissarischer Studentenpfarrer in Karlsruhe eingesetzt, wo er zusätzlich in der Melanchton-Gemeinde die Jugendarbeit leitete. In den Jahren zwischen 1961 und 1969 wurde er, der sich inzwischen für die Missionstätigkeit gemeldet hatte, von der Brüdergemeine nach Tansania entsandt. Nach zwei Jahren Lehrtätigkeit, wofür er Kisuaheli erlernt hatte, wurde Heisler zum Präses der *Moravian Church* gewählt. Im Jahr 1969 nach Deutschland zurückgekehrt, übernahm er das Amt eines Beauftragten für die Aus- und Fortbildung von Prädikanten und Lektoren. Im Jahr 1976 trat er die Stelle eines Pfarrers der Petrus-Gemeinde in Freiburg-Unterwiehre an, die er bis zu seinem Ruhestand im Jahr 1990 versah. Danach arbeitete er noch zweieinhalb weitere Jahre in der Unitätsdirektion der Herrnhuter Brüdergemeine in Bad Boll mit. Seinen Ruhestand verbrachte Heisler in Bad Boll und zog im Jahr 2008 nach Königsfeld im Schwarzwald. Er blieb Zeit seines Lebens unverheiratet. Einzelne Strophen seiner geistlichen Lieder, die zum Teil Übersetzungen aus dem Schwedischen und dem Englischen sind, werden auch für die Herrnhuter Losungen verwendet. [B][R]

Heizmann, Klaus

Klaus-Helmut Heizmann (* 16. Mai 1944 in Haan/Rheinland) ist ein deutscher Komponist, Musiker, Dirigent diverser Chöre und Verfasser geistlicher Lieder. Er ist evangelisch-freikirchlicher Konfession wurde als Sohn von Herta Heizmann (1911-1967), geb. Janke, und Rudolf Heizmann (1913-1973) geboren, dessen Familie von den Böhmischen Brüder abstammt. Im Zeitraum zwischen 1950 und 1956 besuchte Klaus Heizmann die Grundschule in seinem Geburtsort und anschließend bis 1963 die dortige Emil-Barth-Realschule. Seine ersten Klavierstunden erhielt er im Vorschulalter, worauf er Klavier- und Orgelunterricht nahm. Nach dem Studium an der Landeskirchenmusikschule in Düsseldorf im Zeitraum zwischen 1963 und 1965 absolvierte er bis zum Jahr 1966 ein Studienjahr in Fort Wayne, Indiana. Nach seiner Rückkehr war Heizmann der erste hauptamtliche Musiker bei dem Missionswerk *Jugend für Christus*. Im Jahr 1968 wurde ihm dann die Leitung dessen Chores übertragen. Darüber hinaus betätigte sich Heizmann als Komponist, Musikproduzent und Musiklektor und komponierte über 700 Lieder für Chöre sowie 400 Kinderlieder. Sein Werk umfasst außerdem vier Oratorien, ein Weihnachtsmusical,

sechs Kantaten, fünf Kindermusicals, zahlreiche Musikfachbücher, über hundert Notenbücher und geistliche Lieder. Er wirkte darüber hinaus als Herausgeber von Notenblattserien für Jugend- und gemischte Chöre und als Produzent von über 300 Tonträgeraufnahmen. Heute leitet Heizmann neben seiner künstlerischen Arbeit den Verlag *Haus der Musik* in Wiesbaden. Er war mit der Musikerin, Liedertexterin und Verlegerin →Dagmar Heizmann-Leucke (1967-2020) verheiratet und hat mit ihr drei Kinder. [W][R][A]

Heizmann-Leucke, Dagmar

Dagmar Heizmann-Leucke, geb. Leucke (* 18. März 1967 in Schorndorf/Baden-Württemberg; † 31. Januar 2020 in Wiesbaden) war eine deutsche Musikerin, Lieddichterin und Verlegerin evangelisch-freikirchlicher Konfession. Sie wurde als Tochter von Manfred Leucke (* 1941) und seiner Frau Gerlinde, geb. Rath (* 1941), geboren und verbrachte die ersten Lebensjahre in Beutelsbach im Remstal und in Stuttgart, wo sie ab dem Jahr 1973 die Schwabschule besuchte. Ein Jahr später zog die Familie nach Mannheim, wo Dagmar Leucke bis 1977 an die Käthe-Kollwitz-Grundschule und anschließend an das Elisabeth-Gymnasium ging. Hier legte sie im Jahr 1986 das Abitur ab und absolvierte eine Ausbildung zur Biologisch-technischen Assistentin bei der BASF. Nach Abschluss der Ausbildung übte sie ihren Beruf an der Universität Heidelberg aus. Im Zeitraum zwischen 1990 und 1994 war Dagmar Leucke Pharmareferentin bei der Fa. Merck in Darmstadt und ließ sich gleichzeitig zur Chorleiterin ausbilden. Ab dem Jahr 1994 war sie im Musikverlag ihres Mannes, dem *Haus der Musik* in Wiesbaden, als Geschäftsführerin tätig. Sie leitete zehn Jahre einen Kinderchor in Wiesbaden und trat als Textdichterin hervor, deren über 150 Lieder, oft mit Melodien ihres Mannes unterlegt, sowohl in Buchform als auch auf Tonträger erschienen sind. Außerdem schrieb sie die Texte für 16 Kindermusicals und zahlreiche Kantatentexte. Dagmar Heizmann-Leucke und der Komponist und Verleger →Klaus Heizmann (* 1944) haben drei Kinder. [W][R]

Heller, Adolf

Adolf Heller (* 27. Juni 1895 in Worms; † 5. Juni 1973) war ein deutscher Pädagoge, Schriftsteller und Evangelist. Er wurde als ältester Sohn des Baumeisters Heinrich Heller und seiner Frau Anna, geb. Rödelsperger, geboren und war durch Taufe Mitglied der evangelischen Landeskirche. Er besuchte die Schulen seiner Vaterstadt, trat im Jahr 1912 in das Lehrerseminar in Alzey ein und veröffentlichte erste Gedichte in der Wormser Zeitung. Zwei Jahre später schloss er seine Ausbildung ab und wurde zum Kriegsdienst eingezogen. Dreimal verwundet geriet er 1916 in englische Kriegsgefangenschaft, wo er zum lebendigen Glauben fand. Im Jahr 1919 kam er nach Deutschland zurück und trat ein Jahr später seine erste Dienststelle in Pfiffligheim bei Worms an. Im Jahr 1937 übernahm Heller, zusammen mit seinem Bruder, die Herausgabe der Zeitschrift Das prophetische Wort, die ein Jahr später in Wort und Geist umbenannt wurde. In den Schuldienst zurückgekehrt, verließ er diesen, um 1963 Dienst an der Bildungsstätte und dem Bibelkonferenzzentrum Langensteinbacher Höhe in der Nähe von Karlsruhe zu leisten, die von der Christlichen Allianz für Volksmission und Wohlfahrtspflege betrieben wird. Gesundheitliche Umstände bewegten ihn, im Jahr 1966 nach Worms zurückzukehren, wo er Wortverkündigungen und Bibelkurse hielt und an Evangelisations-Veranstaltungen teilnahm. Heller war seit 1926 verheiratet und Vater von zwei Töchtern. Im Gesangbuch des Altpietistischen Gemeinschaftsverbands in Württemberg, den Philadelphia-Lieder aus dem Jahr 1930, stehen drei von Heller verfasste geistliche Lieder unter seinen Initialen A. H. Im Jahr 1974 erschien eine Sammlung seiner Lieder unter dem Titel Uns glänzt ein Licht in dunkler Nacht. [R]

Hemmann, Katharina

Katharina Hemmann, auch Catharina (* 8. Juli 1792, † 17. Oktober 1854 in Brugg) war eine Lehrerin und evangelisch-reformierte Lieddichterin. Sie wurde als Tochter des Chirurgen und Stadtrats Daniel Hemmann und seiner Frau Catharina, geb. Bäurlin, geboren und am 10. Juli getauft. Sie trat im Jahr 1812 eine Stelle Lehrerin an der sog. Oberen Mädchenschule in Brugg an, wo sie 32 Jahre lang lehrte. Von ihr stammt das geistliche Trostlied Du wirst sorgen, Gott der Gnade, das in der von dem Pfarrer Johann Jakob Schneider (1797-1859) im Jahr 1847 in Basel herausgegebenen Sammlung Die christlichen Sänger des 19. Jahrhunderts steht. [R]

Hermann, Christiane

Christiane Hermann, verh. Junker (* 30. Januar 1959 in Pforzheim/Baden) ist eine deutsche Pädagogin und Autorin moderner geistlicher Lieder. Sie wurde als zweites von fünf Kindern des Kunst-und Feingießermeisters Gerhard Friedrich Hermann und seiner Frau Hannelore Hermann, geb. Lechler, geboren und ist evangelischen Bekenntnisses. Sie besuchte im Zeitraum zwischen 1965 und 1969 die Grundschule Ispringen und anschließend bis 1978 das Reuchlin-Gymnasium in Pforzheim. Hierauf studierte sie an der Universität in Freiburg Mathematik und Latein für das Lehramt und schloss das Studium im Frühjahr

1983 mit dem ersten Staatsexamen ab. Anschließend absolvierte sie das Referendariat in Sindelfingen und Esslingen. Sie heiratete den Mitarbeiter der Studiengemeinschaft *Wort und Wissen* Dr. Reinhard Junker und bekam in den folgenden Jahren fünf Kinder. Seit dem Jahr 2007 ist sie wieder berufstätig und unterrichtet am Richard-von-Weizsäcker-Gymnasium in Baiersbronn. Ihre Lieder, die sie als junge Frau schrieb, waren inspiriert durch den damaligen Jugendkreisleiter in der Stadtmission Pforzheim und späteren Pfarrer und Lieddichter Thomas Eger (* 1951). Hermanns bekanntestes Lied *Vater, ich möchte dir danken, dass du mein Retter bist* ist mit einer Melodie von Eger und dem Satz von Margret Birkenfeld (1926-2019) bekannt geworden und findet sich in vielen Liedsammlungen der Gegenwart. Hermann schrieb sowohl Lieder für Erwachsene als auch für Kinder; ein Teil ist auf Tonträgern erschienen; ein kleinerer Teil, der vor allem in den letzten Jahren für den Gottesdienstgebrauch verfasst wurde, ist noch nicht veröffentlicht worden. [R] [A]

Hermann, Gottfried

Gottfried Hermann (* 1715 in Löbau in der Oberlausitz/Kurfürstentum Sachsen; † 1785) war ein deutscher Jurist und Beamter, dessen Lieder in das Löbauische Gesangbuch von 1764 aufgenommen wurden. Er war Sohn des gleichnamigen Bürgermeisters des Stadt Löbau (9. Dezember 1681 - 30. November 1761) und war Scholarch (Schulaufseher), von 1748 bis 1760 Actuarius (Gerichtsschreiber oder Verwaltungsleiter) und stand Löbau auch selbst als Bürgermeister vor. [R]

Hesselbart, Johann Martin

Johann Martin Hesselbart, auch Hoeselbarth (* 1635 in Ichtershausen/Herzogtum Sachsen-Gotha; † 6. Januar 1705 in Großrudestedt) war ein deutscher evangelisch-lutherischer Pfarrer und Lieddichter. Er wurde als Sohn des Mühlmeisters Andreas Hoeselbarth geboren, wurde im April 1661 ordiniert und als Pfarrer nach Neustädt/Werra berufen. Im April 1674 wechselte er zur Gemeinde nach Eckardtshausen, im Dezember 1676 nach Wenigenlupnitz und übernahm schließlich im April 1680 die Pfarrei von Großrudestedt. Er war seit November 1661 mit der Tochter des Bürgermeisters von Eisenach Tobias Kley, Elisabeth (* 27. Januar 1641), verheiratet und hatte mit ihr acht Kinder. Er schrieb das Lied *Weine Himmel, seufze Erde, über dieser Ungemach*, das in Erfurter Gesangbuch von 1710 steht. Dieses Lied nennt der Pfarrer Johann Caspar Wetzel (1691-1755) in seinem ab 1719 in Herrnstadt erschienenen hymnologischen Werk *Hymnopoeographia*. [R]

Hettler, Konrad

Konrad Hettler (* 1938, † 16. Oktober 2000) ist ein deutscher evangelischer Pfarrer und Lieddichter. Nach dem Studium der Theologie absolvierte er seine Vikariatszeit und war zwischen 1966 und 1970 hauptamtlicher Bezirks- und Stadtjugendpfarrer. Anschließend betreute er bis 1977 als Pfarrer eine Gemeinde in Mannheim. Im Jahr 1977 wurde er zum Dekan des Kirchenbezirks Karlsruhe-Land ernannt und diente der Gemeinde in Karlsruhe-Neureut, ab 1981 in Bruchsal. In der vom Evangelischen Presseverband herausgegebenen Liedsammlung *Anhang 77 - Neue geistliche Lieder*, die im Jahr 1972 in Stuttgart erschienen ist, steht sein 1966 entstandenes Lied *Du lässt uns im Lichte wandeln*. [R]

Hildebrandt, Balthasar

Balthasar Hildebrandt ist der Dichter des Liedes *Christus, der ist mein Leben und Sterben mein Gewinn*, das in die Liedsammlung *Geistliche Lieder der evangelischen Kirche aus dem 17. und der ersten Hälfte des 18. Jahrhunderts* aufgenommen wurde, welche der Pfarrer und Hymnologe Julius Mützell (1807-1862) im Jahr 1858 in Braunschweig herausgebracht hat. An dem angegebenen Buch steht auch, dass das Lied im Einzeldruck 1635 erschienen und mit der Autorenangabe *Balthasar Hildebrandt Jauran[iensis]* versehen sei. In der damals lutherischen schlesischen Stadt Jauer lebte in der fraglichen Zeit der Rechtsanwalt und Organist Balthasar Hildebrandt, der am 22. April 1610 geboren wurde und am 22. Dezember 1657 verstarb. Er war Schüler des Organisten Ambrosius Prose gewesen und hatte selbst das Organistenamt an der Kirche St. Peter und Paul in Liegnitz inne, wo er auch als öffentlich bestellter Notar arbeitete. Jener Hildebrandt war der zitierten Quelle nach auch Dichter, was die Wahrscheinlichkeit erhöht, dass er das o. a. Lied verfasst hat. [R]

Hirschmann, Otto Max Josef

Otto Max Josef Hirschmann (* 5. November 1899, † 28. Dezember 1972 in Fürth) war ein deutscher evangelisch-lutherischer Kirchenpfleger und Lieddichter, der in einer Gemeinde in Fürth in Franken im Königreich Bayern Dienst tat. Er wurde als sechstes Kind des Schreinergehilfen Joseph Hirschmann, wohnhaft in der Markgrafengasse 9 geboren und am 19. November 1899 in der Kirche St. Michael getauft. Er blieb sein Leben lang unverheiratet. Er veröffentlichte im Eigenverlag eine Sammlung eigener geistlicher Lieder im Umfang vom 32 Seiten, die in der Druckerei Georg Fischer hergestellt wurde. [R]

Hoffmann, Gudrun Maria

Gudrun Maria Hoffmann, eig. Gudrun Hoffmann, geb. Meincke (* 8. März 1924 in Sonneberg; † 8. November 1990 in Berlin) war eine deutsche Germanistin, Schauspielerin, Pfarrersfrau, Autorin und Herausgeberin evangelisch-lutherischer Konfession. Sie wurde als Tochter des Pfarrers Rudolph Gotthard Meincke (1891-1963) und Helene Meincke, geb. Langbein, (1903-1997) geboren und besuchte ab dem Jahr 1934 die Internatsschulen der Herrnhuter Brüdergemeine in Neudietendorf und Gnadau. Im Jahr 1942 legte sie das Abitur ab und leistete anschließend Arbeitsdienst und Kriegsdienst. Nach dem Zweiten Weltkrieg studierte Hoffmann im Zeitraum zwischen 1946 und 1949 an der Universität in Jena Germanistik, absolvierte eine Ausbildung zur Krankenschwester und besuchte die Schauspielschule in Erfurt. Sie trat in Rudolstadt und Arnstadt als Schauspielerin und später als Rezitatorin auf. Sie heiratete im Jahr 1953 den Pfarrer Eberhard Hoffmann (* 6. Oktober 1924; † 7. September 2010), mit dem sie bis 1962 verschiedene Gemeinden in Thüringen betreute und danach bis 1989 in Münchehofe im Kreis Königs Wusterhausen lebte. Sie wirkte in diesen Jahren auch als Organistin und Kirchendienerin. Ihre Autobiographie erschien im Jahr 1976 unter dem Titel *Wir und unsere Kinder* und hatte mehrere Auflagen. Neben einem Weihnachtsbuch veröffentlichte sie vier Gedichtsammlungen. In der von ihr im Jahr 1980 in der Evangelischen Verlagsanstalt in Berlin herausgegebenen Liedsammlung *Voller Wunder ist die Welt* stehen zwei ihrer Gedichte. [R]

Holst, Johann Gottlieb

Johann Gottlieb Holst war ein deutscher evangelisch-lutherischer Pastor, der um das Jahr 1842 nach Christus in Breklum/Herzogtum Schleswig lebte und die dortige Kirchengemeinde im Zeitraum zwischen 1837 bis 1873 als Hauptpastor betreute. Er gab im Jahr 1842 am Verlagsort Flensburg eine Sammlung eigener Gedichte unter dem Titel *Feierklänge* heraus. Das Buch enthält biblische Gedichte, worunter gereimte Umsetzungen von Bibelstellen zu verstehen sind, zwei geistliche Gedichte und mehrere sog. vermischte Gedichte, die zum Teil weltlich-patriotischen Charakter haben, gereimte Nachrufe sind oder zu bestimmten historischen oder persönlichen Ereignissen geschrieben wurden. [R]

Hügel, Johann Zacharias

Johann Zacharias Hügel, auch Hügell (* 22. November 1755 in Pfiffelbach/Ilmtal, † 2. Juni 1802 Roda b. Ilmenau) war ein evangelisch-lutherischer Pfarrer in Weimar, der als Kandidat des Predigtamts und Hauslehrer in Jena daselbst im Jahr 1786 eine Sammlung von eigenen geistlichen Liedern unter dem Titel *Lieder und Gesänge über alle Hauptstücke der christlichen Glaubenslehren – dem weimarischen Erbprinzen Carl Friedrich gewidmet – herausgegeben hat. Hügel wurde als Sohn von Johann Michael Hügel aus Pfiffelbach/Ilmtal geboren und war nach seinem Studium im April 1787 ordiniert, worauf er bis zum Jahr 1792 Zuchthausprediger und Garnisonschullehrer in Weimar war. Im Jahr 1792 wurde er als Pfarrer nach Taubach bei Weimar berufen und war dort zugleich zuständig für die Gemeinde Mechelroda, deren Kirchenneubau er leitete. Im Jahr 1797 wechselte er nach Roda bei Ilmenau und war dort auch für Unterpörlitz zuständig; er blieb dort bis zu seinem Tod im Amt. Er heiratete 1795 in Weimar Sophia Maria Christiana Schenke (1772-1822), Tochter des Rad- und Stellmachers Johann Wilhelm Schenke und hatte mit ihr mindestens zwei die Mutter überlebende Kinder. [R]

Immendorf, Ruth

Ruth Immendorf, geb. Steinert (* 24. Oktober 1926, † 6. Dezember 2013 in Schwarzenberg-Erlabrunn) war eine christliche Autorin von Erzählungen und Gedichten. Sie stammte väterlicherseits von Salzburger Exulanten ab, die 1723 im Kurfürstentum Sachsen Aufnahme gefunden hatten und arbeitete bis 1963 als leitende Schwester in staatlichen Alters- und Pflegeheimen der DDR. Sie heiratete im Jahr 1963 den Schweizer Franz Immendorf und war ab da als Reise- und Seelsorgeschwester für die Evangelisch-Lutherische Kirche Sachsens tätig. Zu ihren Verpflichtungen gehörte u. a. die Betreuung von Frauenkreisen und die theologische Ausbildung von Laien. Nach ihrer Pensionierung zog sie nach Sehma bei Annaberg im Erzgebirge, wo sie bis zum Jahr 2008 lebte. Sie verlegte anschließend ihren Wohnsitz in das Diakonissenhaus Zion in Aue, wo sie zusammen mit ihrer jüngeren Schwester, der Diakonisse →Hanna Steinert (*1931), und ihrem jüngeren Bruder, dem Kantordiakon i. R. →Werner Steinert (* 1936) lebte. Sie verstarb im Krankenhaus von Schwarzenberg-Erlabrunn. Immendorf verfasste Zeit ihres Lebens Erzählungen und geistliche Gedichte, die zum Teil von ihrem Bruder vertont und die in Liedanthologien aufgenommen wurden. In der von Gudrun Maria Hoffmann im Jahr 1980 in der Evangelischen Verlagsanstalt in Berlin herausgegebenen Liedsammlung *Voller Wunder ist die Welt* steht ein Frühlingsgedicht von ihr. Eine Sammlung ihrer Gedichte und Lieder erschien im Jahr 1979 im St.-Johannis-Verlag unter dem Titel *Licht in meine Dunkelheit*. [B][R]

Jagode, Norbert

Norbert Jagode (* 1956 in Berlin) ist ein deutscher Architekt, Komponist und Lieddichter. Er lebt in Berlin. Eines seiner komponierten Lieder ist das im Jahr 1984 mit Text und Melodie verfasste Lied *All die Fülle ist in dir, o Herr*. [R] [A]

Jans, Armin

Armin Jans (* 8. November 1965 in Stuttgart/Baden-Württemberg) ist ein deutscher evangelisch-freikirchlicher Theologe, Politiker, Autor und Komponist moderner geistlicher Lieder. Jans wurde als Sohn des Mechanikermeisters Richard Jans (* 1938) und der Büroangestellten Ute Jans, geb. Bacher, (1939-2018) geboren. Er besuchte von 1972 bis 1976 die Grundschule Lembergschule in Ludwigsburg-Poppenweiler und anschließend bis 1985 das Friedrich-Schiller-Gymnasium in Ludwigsburg, worauf er nach dem Abitur am Theologischen Seminar der Liebenzeller Mission studierte. Hierauf war er von 1990 bis 1999 Jugendreferent im *Jugendverband EC-Entschieden für Christus*. Von 1999 bis 2011 war er der Leiter der Öffentlichkeitsarbeit der Liebenzeller Mission und absolvierte berufsbegleitend eine Ausbildung zum PR-Berater. Im Jahr 2012 übernahm er die Leitung der Christlichen Gästehäuser Monbachtal, ist dort als Hausreferent tätig und lehrt als Dozent an der Schule für Christliche Naturheilkunde. Während seiner Zeit als Jugendreferent verfasste er moderne geistliche Lieder und spielte mit Kollegen und Freunden mehrere Tonträger ein. Er ist Mitglied und Prediger der Missionsberggemeinde in Bad Liebenzell, tritt als Redner und Verkündiger bei Konferenzen und Gottesdiensten und als Referent auf. Er zählt seit 2003 zu den hauptverantwortlichen Mitarbeitern des 1996 gegründeten Arbeitskreises des *SPRING-Festivals* und leitete ihn seit 2018. Jans wurde als Kandidat der CDU bei der Kommunalwahl 2014 in den Gemeinderat der Stadt Bad Liebenzell gewählt und war seitdem in einigen Ausschüssen und als Stellvertreter des Bürgermeisters tätig. Er ist verheiratet und hat drei Kinder. Seine über 50 Lieder stehen in modernen Sammlungen; zu etwa 40 Liedern hat er auch die Melodie komponiert. Das Lied *Du bist jeden Tag bei mir* aus dem Jahr 2002 findet sich bspw. im Gesangbuch *Glaubenslieder 2*, das 2005 in der *Christlichen Verlagsgesellschaft* in Dillingen erschienen ist. [W][R][A]

Janz, Ken

Ken Janz (* 1946 in Herbert/Kanada) ist ein kanadisch-deutscher Musiker, Radio- und Fernsehmoderator und Lieddichter, der als Leiter des Schleife-Verlags in Winterthur in der Schweiz arbeitete. Er wurde als Sohn des kanadischen Evangelisten und Sängers Leo Janz (1919-2006) geboren und ist der Bruder von Paul Janz (* 1951), mit dem er Anfang der 70er Jahre die deutsch-kanadische christliche Rockband *Deliverance* gründete. Sein Vater unternahm im Jahr 1951 auf Einladung von *Jugend für Christus* eine dreimonatige Evangelisationsreise durch Deutschland, worauf Leo Janz sich 1954 entschloss, sich mit seiner Familie in Basel niederzulassen und von dort öffentliche Evangelisation durchzuführen. Ken Janz betätigte sich auch als Musik-Redakteur bei dem Radiosender *SWF3* und moderierte *Rockpalast*-Sendungen. Im Jahr 2002 veröffentlichte er seine Autobiographie im *Schleife-Verlag* unter dem Titel *Rebell in Gottes Hand*. Kurz danach zog Janz nach Kanada um, wo er wahrscheinlich in Cameron noch heute lebt. Im Gesangbuch *Feiern und Loben*, das vom Bund Freier evangelischer Gemeinden und dem Bund Evangelisch-Freikirchlicher Gemeinden im Jahr 2003 herausgegeben wurde, steht das von Martin Nystrom im Jahr 1991 verfasste Lied *Allein deine Gnade genügt*, das Ken Janz zusammen mit Martin Pepper (* 1958) im Jahr 1995 ins Deutsche übertragen hat. [R]

Jetter, Armin

Armin Jetter (* 6. Juli 1936 in Stuttgart/Württemberg) war von Beruf Verlagsbuchhändler, Herausgeber und ist Prediger der Methodistischen Kirche und Lieddichter. Er wurde als jüngster Sohn des Pastors der Evangelischen Gemeinschaft Wilhelm Jetter († 1981) und seiner Frau Hildegard geboren. Das Ehepaar verlor in den letzten Kriegsmonaten zwei ältere Söhne, die im Krieg fielen. Sein Vater machte sich in der Nachkriegszeit besonders durch den Wiederaufbau der Gemeinde und des Gemeindehauses verdient. Die Familie zog im Jahr 1951 nach Tübingen, wohin der Vater als Pastor versetzt worden war. Armin Jetter besuchte seit 1946 in Heilbronn das humanistische Theodor-Heuss-Gymnasium und seit 1951 in Tübingen das Johannes-Kepler-Gymnasium, wo er anschließend eine Ausbildung als Buchhändler in einer wissenschaftlichen Buchhandlung absolvierte. Anschließend führte ihn sein beruflicher Weg nach Stuttgart und 1959 nach Oxford, wo er bei dem weltbekannten *Blackwells Bookshop* berufliche Erfahrungen, vor allem im internationalen Buchhandel erwarb. Ab 1970 lebte er in München, wo er in den Folgejahren leitende Funktionen in zwei wissenschaftlichen Verlagen übernahm, sich auf das wachsende Exportgeschäft spezialisierte und viele Länder bereiste. In den Jahren 1960 bis 1965 besuchte er berufsbegleitend die Wirtschafts- und Verwaltungsakademie in Stuttgart. Nach einer kirchlichen Prüfung wurde Jetter 1974 zum Laienprediger in der Gemeinde der Evangelisch-methodistischen Kirche in München

berufen und übernahm neben seinem Beruf als Laienmitglied die Vertretung der Münchner Gemeinde in der Süddeutschen Jährlichen Konferenz seiner Kirche. Im Jahr 1990 wurde er vom Vorstand der Evangelisch-methodistischen Kirche zum Alleingeschäftsführer des Christlichen Verlagshauses in Stuttgart ernannt, welcher seiner Kirche gehörte. In dieser Eigenschaft war er seit 1995 als Mitglied des Gesangbuchausschusses, Mitglied der Redaktion und als Verlegerischer Projektleiter mitverantwortlich für die Herausgabe des Gesangbuchs der Evangelisch-methodistischen Kirche, das 2002 erschien. Im Anschluss daran veröffentlichte Armin Jetter im gleichen Jahr den Band *Voller Hoffnung* mit Betrachtungen zu den Grafiken des 20. Jahrhunderts, die Aufnahme in das Gesangbuch gefunden hatten, und, bereits im Ruhestand, 2004 den Band *Voller Freude* mit Liedandachten zu den Sonntagen und Festen des Kirchenjahrs mit Autoren verschiedener Konfessionen. Nach seiner Pensionierung übernahm Jetter für fünf Jahre ein Ehrenamt bei der *Jakob-Kroeker-Stiftung* in Korntal. Von dort wurde er für eine einjährige Übergangszeit zum Missionsleiter der Missionswerk *Licht im Osten* bestellt, was zahlreiche Reisen nach Osteuropa bedingte. Im Laufe eines Aufenthalts in Kiew/Ukraine, übertrug ein russisches Lied ins Deutsche und studierte es dann in seiner Münchner Gemeinde ein. Jetter hat sich seit seinem Aufenthalt in Oxford lebenslang mit dem Liedgut der englischen *Methodist Church*, besonders aber mit dem Lieddichter Charles Wesley autodidaktisch beschäftigt. Im Rahmen seiner mehrjährigen Mitarbeit bei der Herausgabe des neuen *Gesangbuchs der Evangelisch-methodistischen Kirche in Deutschland, der Schweiz und Österreichs* übertrug er mehrere Lieder von Charles Wesley ins Deutsche, die in viele Gesangbücher aufgenommen wurden.

Armin Jetter lebt mit seiner Frau Renate in Neuried bei München. Das Ehepaar hat zwei Töchter und fünf Enkel. [R][A]

Jöcker, Detlev

Detlev Jöcker (* 5. Oktober 1951 in Münster) ist ein deutscher Lieddichter und -komponist, dessen Werk auf christlichen Wertvorstellungen beruht und der über 1300 Lieder verfasst und diese auf über 13 Millionen Tonträgern veröffentlicht hat. Er wurde als Sohn von Anneliese (*1933) und Horst Jöcker (1932-2016) geboren, ist römisch-katholischer Konfession und besuchte im Zeitraum zwischen 1957 und 1965 die Volksschule in Münster. Seine musikalische Ausbildung erfuhr er zwischen 1967 und 1972 durch eine vorberufliche Fachausbildung im Rahmen eines Musikstudiums auf dem Konservatorium der Westfälischen Schule für Musik in seiner Vaterstadt, wo er als Hochbegabter Klassische Gitarre studierte. Zwischen 1975 und 1979 war er Mitglied im Gesangorchester von Peter Janssens. Im Jahr 1982 gründete er die Musik-Gruppe Menschenkinder. Er spielt auf vielen Kirchentagen, gibt zahlreiche Konzerte, veranstaltet Singseminare für Erzieher, Religionslehrer, Grundschullehrer und Eltern, schreibt Kinderhörspiele und tritt als Schauspieler auf. Seit dem Jahr 1986 ist er Verleger. Er erfand und komponierte *Lern-, Spiel- und Bewegungslieder* und gab damit der frühmusikalischen Bewegungspädagogik und -erziehung neue Impulse, die bis heute den Alltag von Kindern prägen. Bisher hat Jöcker über 300 religiöse Lieder geschrieben, die in evangelischen und katholischen Gesangbüchern, sowie in zahlreichen religionspädagogischen Heften und Publikationen veröffentlicht wurden. Sein bekanntestes Kinderlied, zu dem Lore Kleikamp (1924-2013) den Text schrieb, heißt *1, 2, 3 im Sauseschritt*, sein bekanntestes geistliches Lied ist der Kanon *Du bist da, wo Menschen leben*, besonders bekannt wurde auch die von ihm komponierte Melodie zum Lied *Regenbogen, buntes Licht*, dessen Text von Reinhard Bäcker (1939-2003) stammt. Im Jahr 2017 übergab Jöcker in Rom Papst Franziskus im Rahmen einer Audienz eine erste Ausgabe seiner *Vaterunser-Hits*; im Jahr 2021 erschien *Detlev Jöckers großes Kirchenliederbuch für Menschenkinder* im Menschenkinder Verlag. Er war Mitglied der *Ökumenischen Textautoren- und Komponistengruppe der Werkgemeinschaft Musik e. V.* und der *AG Musik in der Ev. Jugend e. V.*, heute *Textautoren- und Komponistengruppe TAKT*. [W][R][A]

Josephson, Ludwig

Ludwig Karl Leopold Josephson (* 28. Januar 1809 in Unna/Großherzogtum Berg, † 22. Januar 1877 in Barth/Pommern) war evangelisch-lutherischer Pfarrer, Herausgeber und Schriftsteller. Er wurde als Sohn eines Kaufmanns geboren, der vom jüdischen Glauben zur evangelischen Konfession konvertiert war. Von 1827 bis 1830 absolvierte Ludwig Josephson ein Studium der Theologie in Bonn. Anschließend war er Hauslehrer in der Familie des Ministers Bodelschwingh. Von 1832 bis 1851 war er Pfarrer der evangelischen Gemeinde in Iserlohn und hierauf Militärgeistlicher in Münster. Von 1858 bis 1863 arbeitete er als Seminardirektor in Köslin und wurde anschließend als Superintendent nach Barth in Pommern berufen, wo er im Januar 1877 starb. Er veröffentlichte 1841 seine Sammlung von geistlichen Liedern *Stimmen aus Zion*. Der Pfarrer und Hymnologe Albert Knapp (1798-1864) nahm in seinen Evangelischen Liederschatz aus dem Jahr 1850 zwölf Lieder von Josephson auf. [B][W][R]

K. v. Bl.

K. v. Bl. sind die Initialen einer Diakonisse, die am Diakonissen-Mutterhaus zu St. Elisabeth in Berlin/Königreich Preußen im frühen 20. Jahrhunderte lebte. Sie verfasste geistliche Lieder, von denen vier in dem vom Kaiserswerther Verband deutscher Diakonissen-Mutterhäuser 1929 in Kaiserswerth unter dem Titel *Diakonissen-Liederbuch* herausgegebenen Gesangbuch stehen. Viele ihrer Lieder wurden von P. K. Kuhlo vertont. Dieser war Pfarrer und lebte zwischen 1818 und 1909; es kann nicht ausgeschlossen werden, dass er ein Zeitgenosse der Autorin war, was deren Lebensdaten eingrenzen würde. Eine Anfrage der Gesangbuch-Kommission des Diakonissen-Liederbuchs an die Oberin des Elisabeth-Diakonissen- und Krankenhauses in Berlin Elisabeth von Buttlar vom 11. Juni 1926 wegen der Identitätsklärung der Autorin K. v. Bl. blieb ohne Ergebnis. [R]

Kalamala, Harald

Harald Josef Antonius Kalamala (* 8. Oktober 1951 in Wilhelmsthal in Oberfranken/Bayern) ist ein deutscher Pädagoge, sowie zeitgenössischer Autor und Komponist moderner geistlicher Lieder. Er wurde als Sohn von Herbert und Eleonore Kalamala geboren und ist römisch-katholischer Konfession. Er besuchte die Volksschule Wilhelmsthal und ab 1964 das Internat und Gymnasium Münsterschwarzach. Kalamala konnte das Abitur, wegen einer Unterbrechung der Schulzeit infolge Krankheit, erst im Jahr 1975 am Theresianum in Bamberg ablegen und studierte hierauf Theologie in Würzburg. Das Studium wurde mit dem Diplom abgeschlossen, worauf er im Zeitraum zwischen 1981 und 1989 als Präfekt und Religionslehrer im Internat und Gymnasium Münsterschwarzach unterrichtete und dann bis 2012 Religionslehrer im Kirchendienst des Bischöflichen Ordinariats Würzburg war. Kalamala ist geschieden und hat zwei Kinder. Der Schwerpunkt seines künstlerischen Schaffens hinsichtlich der von ihm verfassten modernen geistlichen Lieder liegt auf der Komposition; zu ca. 30 Liedern hat er die Melodien geschaffen und für einige Lieder aber auch den Text verfasst. Im Jahr 1966 gründete er mit Freunden eine Internatsband, die sich in der Gestaltung neuer Gottesdienstformen engagierte und im ganzen unterfränkischen Raum auftrat; Anfang der 70iger spielte Kalamala zusammen mit Norbert Weidinger in der Band *Santa Cruz*, die in der Diözese Würzburg und überregional bei kirchlichen Veranstaltungen auftrat und im Jahr 1972 eine Schallplatte mit eigenen Liedern einspielte. In das Jahr 1971 fällt die Gründung der Band *Swinging Church*, die in Wilhelmsthal gegründet, bis heute auftritt und sich im Jahr 1975 an der Jugenddiözesanwallfahrt zur Basilika Vierzehnheiligen bei Bad Staffelstein in Oberfranken beteiligte. Bis heute verfasst Kalamala moderne geistliche Lieder für den Gottesdienst und andere besondere kirchliche Anlässen. [R] [A]

Karow, A.

A. Karow ist ein unbekannter Lieddichter, der als evangelisch-lutherischer Pastor in Pommern wirkte und im Jahr 1852 am Verlagsort Stettin eine Sammlung selbstverfasster Gedichte unter dem Titel *Geistliche Lieder und Gedichte* herausgegeben hat. Ein geistliches Lied von A. Karow ist den Züllchower Kindern (Gemeindemitgliedern) gewidmet, woraus geschlossen werden kann, dass der Autor eine Zeit die Gemeinde Züllchow betreut hat, die heute ein Stadtteil von Stettin ist. Im Amtsblatt, das am 5. Juni 1846 herauskam, ist ein belegt, dass ein Hermann Adolph Karow als Pastor in der Gemeinde Teschendorf am 22. März 1846 ins Amt eingeführt wurde. Dieser Hermann Adolph Karow (* 1818, † 18. Februar 1866) hatte zuvor das Gymnasium in Stettin besucht und an der Universität in Berlin studiert. Auf einer 1855 gegossenen Glocke in Saatzig in Westpommern findet sich eingraviert, sie sei unter dem Pastorat eines Adolph Karow geweiht worden. Ob einer der beiden Genannten der Lieddichter ist oder ob möglichweise beide sogar identisch sind bzw. mit dem gesuchten Karow verwandt waren, ist nach derzeitiger Quellenlage nicht feststellbar. Ein zwischen 1840 und 1852 in Roggow nachgewiesener Pastor Friedrich Wilhelm Karow (* 2. Nov. 1804, † 21. Juni 1878) könnte ein Verwandter gewesen sein. [R]

Kayser, Susanne

Susanne Kayser (* 1973 in Bremen) ist eine evangelische Pfarrerin und Lieddichterin. Sie besuchte die Schulen in ihrer Geburtsstadt, legte im Jahr 1993 das Abitur ab und studierte Theologie in Wuppertal, Heidelberg und Edinburgh. Im Dezember 2003 wurde sie zur Pastorin in der Bremischen Ev. Kirche (BEK) ordiniert, betreut seit 2004 die Evangelische Auferstehungsgemeinde in Bremen-Hastedt und seit 2020 auch die Alt-Hastedter Ev. Kirchengemeinde. Darüber hinaus nimmt sie gesamtkirchliche Aufgaben für ihre Kirche im Bereich der Ökumene, so in der Arbeitsgemeinschaft Christlicher Kirchen (ACG) und der Gemeinschaft Ev. Kirchen in Europa (GEKE) wahr und nahm sowohl an der Liederwerkstatt für den 32. Deutschen evangelischen Kirchentag 2009 in Bremen als auch an der für den 2. Ökumenischen Kirchentag 2010 in München teil. Von ihren Liedern ist das Abendlied *Der Tag streicht die Segel* bekannt geworden, das sie zusammen mit Susanne Körber geschrieben hat, und das im *Liederheft für Gemeinden*

steht, das die Evangelisch-Lutherischen Kirche in Bayern im Jahr 2011 in Nürnberg unter dem Titel *Atmet auf!* veröffentlicht hat. Das Lied *Christus, Antlitz Gottes*, im Jahr 2009 zusammen mit Ilona Schmitz-Jeromin verfasst, steht im Liederbuch *Fundstücke*; das Lied *Meine Augen finden deine Himmel nicht* ist ein Klagelied zu Psalm 121 und ist 2010 ebenfalls in Zusammenarbeit mit Susanne Körber entstanden, es findet sich u. a. im katholischen Gesangbuch *Gotteslob*. [R] [A]

Keller, Ludwig

Ludwig Keller (* 23. Mai 1923 in Münster/Westf.) war bis zu seiner Pensionierung evangelischer Pfarrer und Lehrer. Er wurde als Sohn des Diplomingenieurs Fritz Keller und seiner Frau Dora, geb. Piper, geboren und verbrachte seine Jugendzeit in Magdeburg. Er leistete im Zeitraum zwischen 1941 und 1945 Kriegsdienst, bestand im März 1948 das erste Examen für das Lehramt an Volksschulen und unterrichtete bis zum Jahr 1950 an einer Volksschule. In den Jahren zwischen 1950 und 1957 studierte er Theologie und Pädagogik in Kiel und Göttingen und wurde dann Pfarrer der Evangelischen Kirche von Kurhessen-Waldeck in der Gemeinde Widdershausen, nachdem die theologischen Examina abgelegt hatte und im Jahr 1957 ordiniert worden war. Zwischen 1960 und 1964 war er anschließend Pfarrer in Wellerode und hierauf bis 1974 Pfarrer in Baunatal und Altenbauna. Ab 1978 war er Studienleiter an der Evangelischen Akademie Hofgeismar. Keller ist seit 1957 verheiratet mit der Tochter Pfarrers lic. Wolfgang Wichmann und seiner Frau Ruth Müller, Katharina Brigitte Wichmann und hat mit ihr fünf Kinder. In der vom Evangelischen Presseverband herausgegebenen Liedsammlung *Anhang 77 - Neue geistliche Lieder*, die im Jahr 1972 in Stuttgart erschienen ist, steht das Lied

Lasst uns gehn in unser Land, das Keller zusammen mit Peter Horst verfasst und zu dem er auch die Melodie komponiert hat. [R]

Kilzer, Johann Sebastian Wilhelm

Johann Sebastian Wilhelm Kilzer, kurz Wilhelm Kilzer, auch Kiltzer (* 11. April 1799 in Worms; † 9. April 1864 in Frankfurt/Main) war ein deutscher Pädagoge, Herausgeber und Schriftsteller. Er lebte in Frankfurt/Main und war als Lehrer an der Musterschule angestellt. Er veröffentlichte seine Gedichte in der *Zeitung für die elegante Welt*. Im Jahr 1854 erschien in Wiesbaden eine Sammlung seiner Lieder unter dem Titel *Feierklänge*. Das Buch ist gegliedert in die Kapitel Gott, Christus, Leben, Natur und Unsterblichkeit. Kilzer gab auch die Erzählungen seines Schwagers, des Dichters Gottfried Döring (1789-1833) in drei Teilen heraus. Kilzers Gedicht *Du Wort aus Gott, du Gotteswort* singt ein Lob auf Martin Luthers Reformation; es ist deswegen unzweifelhaft, dass Kilzer evangelischer Konfession war. Einige seiner Naturlieder sind auch für Klavier und Chor vertont worden. Sein bekanntestes Lied heißt *Ein Kirchlein steht im Blauen* und wurde vor allem von Männerchören gesungen. [B][R]

Klaiber, Annegret

Annegret Klaiber, geb. Kaiser (* 1938 in Tübingen/Württemberg-Hohenzollern) ist eine deutsche Ärztin und Lieddichterin. Sie verbrachte ihre Kindheit und Schulzeit in ihrem Geburtsort und studierte im Zeitraum zwischen 1958 und 1964 Medizin in Tübingen und Basel. Im Jahr 1966 erhielt sie die Approbation als Ärztin und promotivierte. Hieran schlossen sich Teilzeittätigkeiten in Allgemeinpraxen, als Praxisvertreterin, als Lehrbeauftragte für Gesundheitslehre in der Ausbildung von Erzieherinnen und Heilerziehungspfleger und in der Suchttherapie an. Zuletzt war sie kommissarische Leiterin der *Evangelischen Suchtberatungsstelle* in Frankfurt/Main. Sie engagierte sich Zeit ihres Lebens in der Frauenarbeit, leitete die Arbeitsgemeinschaft Sucht der Evangelisch-methodistischen Kirche und übte eine umfangreiche Vortragstätigkeit aus. Sie ist seit dem Jahr 1965 mit dem Pfarrer und ehem. Bischof der Evangelisch-methodistischen Kirche Dr. →Walter Klaiber (* 1940) verheiratet und hat mit ihm drei Söhne und acht Enkelkinder. Von ihr liegen zahlreiche geistliche Liedübersetzungen aus dem Englischen vor, die sie zum größten Teil zusammen mit ihrem Mann verfasst hat. Diese stehen im Gesangbuch der Evangelisch-methodistischen Kirche aus dem Jahr 2002. Zwei ihrer Lieder finden sich im Gesangbuch der Evangelischen Brüdergemeine, das im Jahr 2007 in Basel erschienen ist; einzelne Strophen der Lieder werden auch für die Herrnhuter Losungen verwendet. [R] [A]

Klaiber, Christoph

Christoph Klaiber (* 1967 in Nürnberg) ist ein deutscher evangelisch-methodistischer Pfarrer und Lieddichter, bzw. -übersetzer. Er wurde als Sohn des Theologen und ehem. Bischofs der Evangelisch-methodistischen Kirche →Walter Klaiber (* 1940) und der Ärztin →Annegret Klaiber, geb. Kaiser, (* 1938) geboren und studierte Theologie in Tübingen und der Theologischen Hochschule in Reutlingen. Seit dem Jahr 1994 ist er Pastor der Evangelisch-methodistischen Kirchengemeinden von Freiberg/Ludwigsburg, Weissach-Cottenweiler, Pfullingen und Reutlingen-Betzingen und seit dem Jahr 2001 Vorsitzender des Christlichen Sängerbundes, Landesverband Süd. Von ihm liegen derzeit drei Übersetzungen von Liedern von Charles Wesley vor, die im Gesangbuch der Evangelisch-methodistischen Kirche aus dem Jahr 2002 stehen. Er ist Vater von vier Kindern und lebt in Reutlingen–Betzingen. [R] [A]

Klaiber, Walter

Walter Klaiber (* 17. April 1940 in Ulm/Württemberg-Hohenzollern) ist Pfarrer und Lieddichter der Evangelisch-methodistischen Kirche in Deutschland. Klaiber studierte Theologie am Seminar der *Evangelisch-methodistischen Kirche* (EmK) in Reutlingen und an den Universitäten von Tübingen und Göttingen. Im Jahr 1965 wurde Klaiber als Pfarrer ordiniert, promovierte im Jahr 1972 über ein Thema paulinischer Theologie und war von 1971 bis 1989 Dozent für Neues Testament und Griechisch der EmK in Reutlingen (jetzt: Theologische Hochschule). Im Jahr 1989 wurde Klaiber Bischof der Evangelisch-methodistischen Kirche in West-Deutschland und West-Berlin. In den Jahren zwischen 1989 und 2005 war er Mitglied im Präsidium der Vereinigung Evangelischer Freikirchen turnusgemäß drei Mal für drei Jahre deren Präsident. Von 1989 bis 2007 engagierte er sich im Vorstand der Arbeitsgemeinschaft Christlicher Kirchen in Deutschland und war zwischen 2001 und März 2007 deren Vorsitzender. Im Zeitraum zwischen 1999 und 2009 war er Präsident der Deutschen Bibelgesellschaft. Er ging im Jahr 2005 in den Ruhestand; er lebt mit seiner Frau, der Ärztin Dr. med. →Annegret Klaiber, mit der er drei Söhne und acht Enkelkinder hat, in Tübingen. Klaiber verfasste zahlreiche theologische Schriften und war Mitherausgeber des Periodikums *Mit der Bibel durch das Jahr*. Darüber hinaus schreibt er geistliche Lieder, die u. a. im Gesangbuch der Evangelisch-methodistischen Kirche aus dem Jahr 2002 und im Gesangbuch der Evangelischen Brüdergemeine stehen, das im Jahr 2007 in Basel erschienen ist; einzelne Strophen seiner Lieder werden auch für die Herrnhuter Tages-Losungen verwendet. Die meisten Liedübersetzungen aus dem Englischen hat er zusammen mit seiner Frau verfasst. [B][W][R][A]

Klapproth, Erich

Erich Max R. Klapproth (* 1912 in Berlin/Königreich Preußen; † 18. Juli 1943) war ein deutscher evangelischer Pfarrer und Schriftsteller. Klapproth, welcher der Bekennenden Kirche, einer Gruppierung der Evangelischen Kirche angehörte, die in Opposition zum nationalsozialistischen Unrechtsstaat stand, war wegen seines mutigen politischen Widerstands mehrfach inhaftiert und fiel als Fahnenjunker-Feldwebel in Russland. Von ihm sind christliche Jugendprosa, biblische Laienspiele und geistliche Lyrik überliefert; seine Erzählungen für die Jugend wurden auch in der von Udo Smidt herausgegebenen Zeitschrift *Jungenwacht* veröffentlicht. Eine erste Sammlung seiner Gedichte erschien im Selbstverlag im Jahr 1943 unter dem Titel *An des Todes Grenzen sieghaft glänzen* und besteht aus einem hektographierten Typoskript in geringer Auflage. Auf 26 Seiten wird dort der gefallenen und gefangenen Kameraden gedacht und den Verwandten Trost zugesprochen. In der 1946 in Göttingen von Friedrich Samuel Rothenberg (1910-1997) herausgegebenen Sammlung neuer geistlicher Gedichte, die unter dem Titel *Lob aus der Tiefe - Junge geistliche Dichtung* erschien, stehen drei Lieder von Klapproth. Sein Nachlass befindet sich im Evangelischen Zentralarchiv in Berlin. Eine von Albrecht Beutel (* 1957) verfasste Biographie Klapproths erschien im Jahr 2019 unter dem Titel *Erich Klapproth – Kämpfer an den Fronten*. [B][W][R]

Klare, Karl Gottlob August

Karl Gottlob August Klare war ein deutscher Pädagoge und Lieddichter, der um 19. Jahrhundert in Halle/Saale in der preußischen Provinz Sachsen lebte. Er war Lehrer am Königlichen Pädagogium der Franckeschen Stiftungen in Halle und gab im Jahr 1829 eine Sammlung von Schulreden heraus, denen er eigene geistliche Lieder und Gebete beifügte. Dieses Buch widmete Klare seinem Lehrer Dr. Friedrich Traugott Friedemann (1793-1853), der Herzoglich-Nassauischer Oberschulrat und Direktor des Gymnasiums in Weilburg war, wobei unbekannt ist, ob Klare ihn als Schüler, Student oder Referendar kennenlernte. In dem 1838 in Halle/Saale von Hermann Adalbert Daniel (1812-1871) herausgegebenen *Hülfsbuch für den Gottesdienst der Gymnasien* stehen zwei Lieder von Klare. [R]

Knöppel, Karl Heinz

Karl Heinz Knöppel (* 14. Juli 1928 in Letmathe (Iserlohn); † 12. September 2003 auf Teneriffa) war ein deutscher evangelisch-freikirchlicher Pastor und Schriftsteller. Er wurde als jüngstes von drei Geschwistern geboren; seine Eltern waren Heinrich Knöppel und Amalie, geb. Rotthaus. Er studierte nach dem Besuch der Haupt- und Mittelschule im Zeitraum zwischen 1947 und 1951 am Predigerseminar Ewersbach Theologie und fand in den Jahren 1951 und 1952 eine erste Anstellung als Bundesjugendsekretär seiner Kirche. Hieran anschließend wirkte er bis 1957 als Gemeindepastor in Remsfeld und Rotenburg/Fulda und war dann bis 1965 Pastor in Berlin-Moabit. Er wechselte danach als Bundespfleger (Bundessekretär) in das Leitungsgremium seiner Kirche; vom Jahr 1973 bis 1991 übte er dann das Amt des Präses aus und war Mitglied im Hauptvorstand der Deutschen evangelischen Allianz. 1977 wurde ihm von der North Park University (Theological Seminary), Chicago der Theologische Ehrendoktor verliehen. Von ihm stammen Erbauungsbücher und eine Liedsammlung mit eigener geistlicher Lyrik, die unter dem Titel *Zwiesprache. Gebete und Lieder* erschienen ist. Er war seit 1953 verheiratet mit Christa Knöppel, geb. Stepczynski. Gemeinsam hatten sie neun Kinder. [R]

Köhnlein, Johannes

Johannes Köhnlein (* 22. Oktober 1845 in Frankfurt/Main; † 8. April 1901) war ein evangelischer Pfarrer und Lieddichter. Er wurde als Sohn des Lehrers Georg Ludwig Wilhelm Köhnlein (1816-1886) und Eleonore, geb. Zimmer (1822-1903) geboren. Köhnlein lebte als Pfarrer in Grünwettersbach/Baden und war mit Johanna Zimmermann verheiratet; das Paar hatte zwei Kinder. Köhnleins Gedichte, zu denen auch Psalmdichtungen gehören, erschienen postum 1903 im Evangelischen Schriftenverein in Karlsruhe. [R]

Kremzow, Michael

Michael Kremzow (* 1981 in Pforzheim/Baden) ist ein evangelisch-lutherischer Kantor, Autor und Komponist moderner geistlicher Lieder. Er wurde als Sohn des Pfarrers Hans-Joachim Goos (*1944) und der Erzieherin Margarete Goos (*1949) geboren und besuchte bis 1990 die Grundschule Ittlingen. Hierauf wechselte er an das Gymnasium in Eppingen, an dem er bis 1998 lernte. Er legte hierauf im Jahr 2000 das Abitur am Hans-Thoma-Gymnasium in Lörrach ab, auf das er 1998 gewechselt war. Nachdem er bis 2001 den Zivildienst im Diakonissenkrankenhaus in Karlsruhe geleistet hatte, studierte er zwischen 2001 und 2005 Kirchenmusik an der Hochschule für Kirchenmusik in Heidelberg sowie bis 2007 an der Staatlichen Hochschule für Musik und Darstellende Kunst in Frankfurt/Main. Er schloss das erste Studium 2005 mit dem Kirchenmusik B-Diplom und das Aufbaustudium 2007 mit dem A-Diplom ab. Hierauf war Kremzow im Zeitraum zwischen 2007 und 2009 Assistent des Landeskantors und Kirchenmusikdirektors Prof. Johannes Matthias Michel an der Christuskirche in Mannheim und ist seit dem Jahr 2009 Kantor an der St. Blasiikirche in Nordhausen, wo er auch Orgelsachverständiger für den Kirchenkreis Südharz ist. Er verfasste zusammen mit Cornelia Georg im Jahr 2015 das moderne geistliche Lied *Ich glaube an Gott, den Herrn der Welt* und komponierte auch die Melodie dazu. Es steht im *Chorheft der Pfalz für die Jahre 1952 bis 2020*, die vom Amt für Kirchenmusik der Evangelischen Kirche der Pfalz herausgegeben wurde und im Gesangbuch *freiTöne*, das als Beiheft zum Evangelischen Gesangbuch der Ev.-luth. Landeskirche Hannovers herausgekommen ist. Er ist in zweiter Ehe verheiratet und hat vier Kinder. [R][A]

Krenz, Friedhelm

Friedhelm Krenz (* 29. August 1954 in Siegen) ist ein deutscher evangelisch-freikirchlicher Pastor und Lieddichter. Er wurde als Sohn von Heinz und Herta Krenz geboren und studierte nach dem Abitur Kunst am Institut für Kunsterzieher in Münster. Anschließend besuchte er die *Bibelschule Bergstraße* in Seeheim. Hieran schloss sich eine Weiterbildung für den Missionsdienst im Seminar für missionarische Fortbildung in Bad Liebenzell und an der *Trinity Evangelical Divinity School* in Deerfield/Illinois an. Es folgten sieben Jahre Missionsdienst auf den Philippinen. Nach Deutschland zurückgekehrt, trat Krenz als Pastor in den Gemeindedienst in Deutschland und betreute im Zeitraum zwischen 1996 und 2010

die Freie evangelische Gemeinde in Wilnsdorf/Siegen-Wittgenstein, im Jahr 2002 erweitert um die Zuständigkeit für die Gemeinde in Lützeln und war schließlich ab dem Jahr 2011 Seelsorger der Gemeinden von Haiger-Steinbach und Haiger-Offdilln. Im Jahr 2018 ging er in den Ruhestand. Krenz hat bislang etwa 50 Liedtexte in deutscher und englischer Sprache geschrieben, die meisten hiervon in Zusammenarbeit mit dem Musiker und Komponisten Bernd Arhelger (* 1965). Im Gesangbuch *Feiern und Loben*, das vom Bund Freier evangelischer Gemeinden und dem Bund Evangelisch-Freikirchlicher Gemeinden im Jahr 2003 herausgegeben wurde, steht der von Friedhelm Krenz im Jahr 1999 verfasste Refrain zum Gottesdienst-Lied *Hab ich alle meine Sorgen im Gebet dem Herrn gesagt*. Weitere Lieder finden sich in der Sammlung *Himmelslichter*, die im Jahr 1999 im Hänssler-Verlag erschienen ist, und die eine musikalische Reise durch den Philipperbrief in zwölf Liedern darstellt. Zu dem Jugendchorliederbuch *Singt das Lied der Lieder 4*, ebenfalls im Hänssler-Verlag erschienen, steuerte Krenz sieben Lieder bei. In dem Liederbuch *Nach vorn*, das 1998 im Verlag Schulte & Gerth veröffentlicht wurde, steht ein weiteres Lied und zwei finden sich in der beim Christlichen Sängerbund besorgten Jugendchorreihe *Ninive*. Er ist verheiratet mit Renate Krenz, hat fünf Kinder und 14 Enkel. [R][A]

Kretzer, Johann Thielmann

Johann Thielmann Kretzer (* 1806 in Haiger/Großherzogtum Hessen, † 4. Februar 1861 in Koblenz) war ein deutscher Pädagoge, Schriftsteller und Lieddichter evangelischen Bekenntnisses. Er besuchte das Nassauische Lehrerseminar und war anschließend in mehreren nassauischen Orten, unter anderem in Fellerdilln bei Haiger und in Grenzhausen im

Westerwald, tätig. Er wurde im Jahr 1832 an die evangelische Elementarschule in Koblenz berufen und trat damit in den preußischen Staatsdienst ein, wofür er sich zuvor am pädagogischen Seminar in Neuwied einer Einstellungsprüfung hatte unterziehen müssen. An der Elementarschule in Koblenz lehrte er bis zu seinem Tod 1861 und wohnte dort im Haus Altlöhrtor 17, das sich in einem Gebäudekomplex der evangelischen Gemeinde befand. Kretzer war verheiratet mit Johanna Schindler; eine Tochter des Chirurgen und Wundarztes Friedrich Schindler aus Schöneberg bei Altenkirchen; in den Koblenzer Taufbüchern sind vier Geburten in den Jahren zwischen 1837 und 1848 nachzuweisen, drei Söhne und eine Tochter, von denen die Theodor (1837-1855) und Emil Friedrich Wilhelm Carl (1842-1844) bereits zu Lebzeiten des Vaters starben. Die Tochter Julie Emma wurde im Jahr 1839 geboren, der überlebende Sohn Eugen Heinrich Ernst 1848. Eine seiner Veröffentlichungen ist das 1845 in Neuwied erschienene Buch *Glaube, Liebe, Hoffnung oder geistliche Lieder über die wichtigsten Lehren des Christentums*, auf das das 1845 erschienene *Repertorium ueber die nach den halbjährlichen Verzeichnissen der J.C. Hinrichs'schen Buchhandlung in Leipzig erschienenen Bücher* hinweist. Darüber hinaus ließ Kretzer im Jahr 1845 *50 neue Fabeln für das jugendliche Alter* und 1846 in Koblenz eine *Ausgewählte Sammlung ein- und mehrstimmiger Gesänge für Volksschulen* drucken. Unter Kretzers Veröffentlichungen ist auch das Werk *Dr. Martin Luthers Leben und Wirken, ein Geschenk für Confirmanden* zu finden, das 1839 in Neuwied erschien. [R]

Küllmer-Vogt, Miriam

Miriam Küllmer-Vogt (* 1973 in Kassel) ist eine deutsche evangelische Pfarrerin, sowie freischaffende Künstlerin und als solche auch Autorin und Komponistin moderner geistlicher Lieder. Sie wurde als Tochter des Betriebswirts Ralf Küllmer und der Lehrerin Beate Küllmer geboren, besuchte die Hermann-Schafft-Schule in Fuldabrück und das Friedrichsgymnasium in Kassel, wo sie im Jahr 1992 das Abitur ablegte. Anschließend studierte sie Theologie und Germanistik in Kassel, Marburg und Kiel, machte ihr Vikariat zwischen 2000 und 2002 in Hofgeismar und arbeitete 2003 als Klinikseelsorgerin in Hanau. Anschließend war sie bis zum Jahr 2008 Pfarrerin für Kreative Gemeindeentwicklung in Niederhöchstadt und der Propstei Südnassau und wurde dann Gemeindepfarrerin in Oberursel-Oberstedten. Zwischen 2016 und 2018 war sie für künstlerische Projekte vom Pfarrdienst beurlaubt und tourte als Sängerin und Schauspielerin des *Theater Zauberwort* durch Kirchen und Gemeinden. Von 2018 bis 2021 arbeitete sie als beauftragte Pfarrerin der EKHN für den 3. Ökumenischen Kirchentag. Sie ist verheiratet mit dem Pfarrer, Kabarettisten und Lieddichter →Fabian Vogt (* 1967), mit dem sie zwei Kinder hat. Sie hat bisher über 100 Lieder geschrieben und ebenso viele Melodien komponiert; von diesen sind einige in Liederbüchern veröffentlicht worden oder auf Tonträger erhältlich, bzw. werden bei Konzerten gesungen und gespielt. [R][A]

Kunert, Adrian

Adrian Kunert (* 1967 in Groß Strehlitz/ Oberschlesien) ist ein deutscher römisch-katholischer Pfarrer, Herausgeber sowie zeitgenössischer Autor und Komponist moderner geistlicher Lieder. Kunert ist der Sohn von Anna und Heinrich Kunert, gläubigen Christen, die ihrem Sohn den Weg in ein kirchliches Leben ebneten. Dieser wuchs ab 1968 in Dessau auf und wurde durch die Jugendarbeit der Kapläne Nachtweih und Hartmann in seinem

Glauben gefestigt; Kunert setzte den beiden Geistlichen später in seinem 2014 erschienenen Buch *Die im Lehmhaus wohnen* ein Denkmal. Hinzu kamen regelmäßige Bibelarbeit und erste persönliche Gotteserfahrungen. Kunert besuchte in Dessau die 27. Polytechnische Oberschule, worauf er sich zum Facharbeiter für industrielle Elektronik ausbilden ließ und 1987 das Abitur auf der Abendschule Dessau ablegte. Anschließend besuchte er einen Latein- und Griechisch-Kurs in Schöneiche bei Berlin und trat im Jahr 1988 der Gesellschaft Jesu (Jesuiten) bei. Er studierte in München, Frankfurt und Madrid Theologie und erwarb im Jahr 1992 das Bakkalaureat in Philosophie mit Grundlegung Theologie an der Philosophischen Hochschule München. Im Zeitraum zwischen 1992 und 1994 absolvierte er ein Praktikum in der Pfarrei St. Ignatius in Frankfurt/Main und erwarb 1997 dort das Diplom im Fach katholische Theologie an der Hochschule St. Georgen. Er empfing im Jahr 1997 die Diakonen- und später die Priesterweihe und war bis Dezember 1999 Stadtgruppenkaplan am Aloisiuskolleg Bonn-Bad Godesberg. Hieran schloss sich zwischen 2000 und 2006 eine Anstellung als Kaplan der Pfarrei Lainz-Speising in Wien an, wo sein Schwerpunkt auf der Jugendarbeit lag. Im Jahr 2007 absolvierte Kunert die dritte Prüfungszeit seines Ordens in Pymble bei Sydney in Australien und unterrichtete, nach Deutschland zurückgekehrt, ab September 2007 am *Canisius-Kolleg Berlin*, wo er sich auch der außerschulischen Jugendarbeit widmete. Nachdem er im Jahr 2010 sein feierliches Gelübde abgelegt hatte, trat er im Oktober 2010 in den Dienst als Krankenhausseelsorger im Gertraudenkrankenhaus in Berlin. Er ist seit 2015 Priestersprecher der Charismatischen Erneuerung im Erzbistum Berlin

und wurde im Jahr 2019 zum Direktor des Gebetsnetzwerks des Papstes in Deutschland ernannt. Er gab im Jahr 2008 das Liederbuch *XPRAISE* mit einer eine Startauflage von 4000 Exemplaren im Selbstverlag seines Ordens heraus und enthält die meisten seiner über 50 eigenen Lieder. Das Liederbuch erfuhr im Lauf der Jahre mehrere Folgeauflagen und erscheint inzwischen im Verlag des Katholischen Bibelwerks. [R] [A]

Lal, Uwe

Uwe Lal (* 1955 in Oldenburg) ist ein deutscher Pädagoge, Theologe, Komponist und Schriftsteller ev.-lutherischer Konfession. Er wurde als Sohn von Margot und Erich Meyer geboren und besuchte die Grundschule in Tange, die Mittelpunktschule von Nordloh und das Gymnasium in Westerstede, wo er im Jahr 1975 das Abitur abgelegte. Nach dem Zivildienst beim *Christlichen Verein junger Menschen* (CVJM) studierte er an der privaten Fachschule für Sozialpädagogik und CVJM-Sekretärschule, wo er den Abschluss im Fach Gemeindepädagogik ablegte. Anschließend war er im Zeitraum zwischen 1981 und 1988 CVJM-Jugendsekretär in Delmenhorst und dann Kirchenkreis-Jugendwart (Gemeindepädagoge) im Kirchenkreis der ev. Westfälischen Landeskirche in Lüdenscheid. Im Jahr 1993 schied er aus dem kirchlichen Dienst aus und tourt seitdem als freier Künstler durch Deutschland. Er hat bis heute über 250 Lieder verfasst, 3500 Konzerte gegeben und mehrere Tonträger eingespielt. Er lebt in Schalksmühle, ist verheiratet und hat zwei Kinder. Im Gesangbuch *Feiern und Loben*, das vom Bund Freier ev. Gemeinden und dem Bund Ev.-Freikirchlicher Gemeinden 2003 herausgegeben wurde, steht das von Uwe Lal verfasste Gottesdienstlied *Komm doch und sieh dir an,* zu dem er auch die Melodie verfasst hat. [R] [A]

Lazay, Ursula

Ursula Lazay, geb. Schlenker (* 28. Oktober 1930 in Berlin/Freistaat Preußen; † 6. September 2016) war eine deutsche evangelische Pfarrfrau, Katechetin, Kantorin und Lieddichterin. Sie wurde als fünftes Kind und zweite Zwillingstochter des Stadtmissionars Ernst Schlenker (* 1888) und seiner Frau der Konzert- und Oratoriensängerin Margarethe Schlenker, geb. Strung (* 1897), geboren und lernte das Gemeindeleben in der Stadtmissionsgemeinde des Vaters in Berlin-Schöneberg kennen. Sie lebte nach dem Zweiten Weltkrieg mit Ihrer Mutter und zwei Schwestern in Wernigerode, wo sie im Jahr 1949 das Abitur am Gerhard-Hauptmann-Gymnasium ablegte. Von dem Kantor Alfred Stier wurde sie ermuntert, Texte zu neuen Liedern zu schreiben, die in Kanonheften der Kirche, mit Melodien Stiers, veröffentlicht wurden. Im Jahr 1951 bestand sie die C-Prüfung als Kirchenmusikerin und Organistin in Halberstadt und schloss drei Jahre später am Burkhard-Haus in Berlin eine Ausbildung zur Gemeindehelferin ab. Im Jahr 1954 heiratete sie in Wernigerode den Pfarrer Lothar Lazay aus Kreuzburg/Oberschlesien, mit dem sie zwei Söhne bekam, den späteren Pfarrer von Gladigau (Altmark) Norbert Lazay und den Medizinpädagogen Jörg Martin Lazay. Bis zum Jahr 1966 lebte das Ehepaar in Domersleben (Börde) bis Lothar Lazay als Vorsteher des Adelberdt-Diakonissen-Mutterhauses nach Stendal berufen wurde, wo er zugleich Direktor des Krankenhauses war und Ursula Lazay biblisch-diakonischen Unterricht erteilte. Im Zeitraum zwischen 1970 und 1989 leitete sie den Schülerinnen-Chor der Krankenpflegeschule im Johanniter-Krankenhaus in Stendal. Im von Gottfried Damm 1967 herausgegebenen Kanonheft *Gottes Stimme laßt uns sein* stehen 23 Kanontexte von Ursula Lazay. Mit eigenen Beiträgen war sie an weiteren Veröffentlichungen beteiligt, so dem 1956 erschienenen Gesangbuch *Lobt froh den Herrn, ihr jugendlichen Chöre*, das Theophil Rothenberg zusammengestellt hat, dem von Fritz Hoffmann editierten Liederbuch *Rühmt des Herren Namen* aus dem Jahr 1950 und der Neuauflage des letztgenannten Werks, das 1981 verlegt wurde. Im Gesangbuch *Feiern und Loben*, das vom Bund Freier evangelischer Gemeinden und dem Bund Evangelisch-Freikirchlicher Gemeinden im Jahr 2003 herausgegeben wurde, steht der von Ursula Schlenker im Jahr 1950 verfasste Kanon *Gottes Stimme lasst uns sein*. Im Jahr 1966 schrieb Ursula Lazay zusammen mit ihrem Mann das Singspiel *Die Nachtigall* nach Motiven von Hans Christian Andersen. Die Vertonung übernahm Manfred Schlenker (* 1926), der Bruder Ursulas, der als Komponist in Greifswald lebt und bis zu seiner Pensionierung 1987 Kirchenmusikdirektor war. [R]

Lehnert, Christian

Christian Lehnert (* 20. Mai 1969 in Dresden/DDR) ist ein deutscher evangelisch-lutherischer Pfarrer, Theologe, Essayist und Lyriker. Er besuchte die 42. Polytechnische Oberschule in Dresden mit erweitertem Russischunterricht bis 1985 und legte das Abitur im Jahr 1987 an der Pestalozzi-Schule in Dresden ab. Wie Lehnerts Eltern hatte auch er die Absicht, Medizin zu studieren und Mikrobiologe zu werden; da er sich auf eigenen Wunsch konfirmieren ließ und den Wehrdienst verweigerte, war ein Studium der Medizin für ihn in der DDR nicht möglich. Zunächst wurde er als Bausoldat eingezogen und studierte anschließend Religionswissenschaft, Theologie und Orientalistik. Einen Teil seines Studiums absolvierte er, nach dem Ende der DDR, in Jerusalem. Nach längeren Aufenthalten in Israel und Santiago de Compostela in Nordspanien war er Pfarrer in Müglitztal bei Dresden und von 2008 bis 2012 Studienleiter für Theologie und Kultur an der *Evangelischen Akademie Sachsen-Anhalt* in Wittenberg. Seit Mai 2012 ist er wissenschaftlicher Geschäftsführer des *Liturgiewissenschaftlichen Instituts der Vereinigten Evangelisch-Lutherischen Kirche Deutschlands (VELKD)* an der Universität Leipzig. Er erhielt im Jahr 2016 die Ehrendoktorwürde der Theologischen Hochschule *Augustana* zu Neuendettelsau. Er ist Mitglied der Sächsischen Akademie der Künste; seit 2014 Mitglied der Akademie der Wissenschaften und der Literatur Mainz. Seine Lyrik-Bände erscheinen seit dem Jahr 1997 im Suhrkamp-Verlag; im Jahr 2012 wurde ihm der Hölty-Preis zuerkannt. Eines seiner geistlichen Lieder ist in den Regionalteil des Evangelischen Gesangbuchs (EG) für Sachsen aufgenommen worden; weitere wurden in einem Kirchenliedseminar in Loccum, eines wird jährlich in der Christvesper in der Thomaskirche seiner Vaterstadt zu einer Melodie von Felix Mendelssohn Bartholdy gesungen. Lehnert ist verheiratet mit der Musikerin Friederike Lehnert und hat drei Kinder. [B][W][A]

Leonhardt, Jean Emil

Jean Emil Leonhardt (* 1853 in Bad Homburg vor der Höhe/Landgrafschaft Hessen-Homburg, † 24. August 1918) war deutscher Industrieller, Kaufmann. Im Jahr 1870 kam er während einer Ausbildung in England mit den *Open Brethren* (Freigesinnten Brüdern) in Kontakt. Er schloss sich der auch nach ihrem Gründer John Darby *Darbysten* genannten Freikirche an und begann, zurückgekehrt in seine Geburtsstadt, damit, ab 1887 eine eigene Sektion dieser Freikirche aufzubauen, die bis heute in Form einer evangelischen Freikirche weiterbesteht. Er mietete einen Saal für die Gottesdienste und die Gemeindearbeit und gründete mit Friedrich Kleemann einen Chor. Auch wirtschaftlich war Leonhardt erfolgreich: 1905 rief er eine eigene Firma, die *Rex-Conservenglas-Gesellschaft*, ins Leben. Im Jahr 1897 heiratete er Ida Schneider und hatte mit ihr fünf Söhne und drei Töchter. Anlässlich der 100. Wiederkehr seines Todestages veranstaltete die Evangelisch-Freikirchliche Gemeinde am 26. August 2018 in Bad Homburg einen Gedenk-Gottesdienst. Im Jahr 1930 erschien im Privatdruck eine Sammlung geistlicher Lieder, die Leonhardt für seine Freikirchengemeinde gesammelt und ggf. z. T. selbst verfasst hatte. [R]

Lübbers, Tobias

Tobias Lübbers (* 1972 in Osnabrück/Niedersachsen) ist katholischer Theologe, Musiker und Autor moderner geistlicher Lieder. Er zog als junger Erwachsener mit seinen Eltern und zwei Geschwistern 1991 nach Meppen, wo er Zivildienst 1991 leistete. Er schloss ein 1992 begonnenes Musik-Studium in Hannover 1996 mit dem Diplom als Musikerzieher im Fach Trompete ab. Anschließend studierte er in Münster katholische Theologie und beendete das Studium 2001 mit dem Diplom. Er absolvierte hierauf bis zum Jahr 2004 im Bistum Osnabrück eine Ausbildung zum Pastoralreferenten und arbeitete dann bis 2007 in Pfarreien in Bremen und bis 2010 in Osnabrück, bevor er dann ins Erzbistum Bamberg wechselte, wo er neben seiner Tätigkeit im Bereich des neuen Geistlichen Lieds bis 2015 im Seelsorgebereich in Bamberg und dann bis 2019 als Referent für Glaubensbildung im Jugendamt der Erzdiözese gewirkt hat. Er ist verheiratet und nimmt seit 2019 halbtags Erziehungszeit für seine zwei Kinder. Als Musiker der NGL-Band *aschira* hat er etliche Lieder getextet und komponiert, z. B. *Hör zu, Baruch* *ata adonai* oder *Drive.* Seine Lieder sind in Notensammlungen der Band oder in den Noten-Publikationen der Werkstatt NGL veröffentlicht. [R][A]

Lupin, Christoph Matthias

Christian Matthias Lupin lebte im 18. Jahrhundert, war Konsulent (Rechtsberater) in Regensburg und der Autor geistlicher Gedichte. Diese erschienen 1735 unter dem Titel *C. M. L. J. C. Geistliche Gedichte [d. i. Christian Matthias Lupins Juris Consulti].* Seine Gedichte nahmen sich oft die Themen der sonntäglichen Episteln zum Gegenstand. Näheres über die Lebensumstände und biographischen Daten sind nach derzeitiger Quellenlage unbekannt. In einigen Quellen wird auch ein Eutel Mathias Lupin als Konsulent genannt. Ob dieser mit dem o.a. Verfasser geistlicher Lieder identisch ist, kann gegenwärtig nicht gesagt werden. [R]

Lütkens, Johann Hinrich

Johann Hinrich Lütkens (* 1. Januar 1746 in Hamburg; † 2. Februar 1814 in Billwärder), war evangelisch-lutherischer Pastor und Lieddichter. Er studierte Theologie und wurde nach Beendigung seines Studiums am im Jahr 1772 unter die Kandidaten des Hamburgischen Geistlichen Ministeriums aufgenommen. Im Jahr 1778 wurde er zum Diakon (Zweiten Pastor) und Garnisonsprediger in Ratzeburg berufen und trat im Jahr 1782 seine Stelle als Pastor in der Gemeinde St. Nikolai in Moorfleet an. Er heiratete im Jahr 1778 Catharina Elisabeth Ernestine Westphalen († 1820). Er starb mitten in den Kriegswirren abziehender französischer und einrückender russischer Truppen aus Kummer über die Bedrängungen der Koalitionskriege am Schlaganfall. Er hinterließ neben seiner Ehefrau drei Töchter und einen Sohn. Seine älteste Tochter Henriette hatte er bereits im Jahr 1805 zu Lebzeiten verloren. Seine Lieder und Gedichte sind beeinflusst vom Rationalismus seiner Zeit, der ihn dahingehend beeinflusste, den Kräften Gottes auch in der Natur und den Tages- und Jahreszeiten nachzuspüren. Seine Gedichte geben dem Leser einen liebevollen Einblick in Familienfreuden und -leiden, aber auch in den Alltag eines evangelischen Pfarrerhaushalts. Seine Werke, die Gelegenheitsgedichte und geistliche Lieder umfassen, wurden im Jahr 1816 von seinem Sohn Hermann Siegmund Lütkens in Hamburg herausgegeben. [W][R]

Lutz, Meie

Meie Lutz, geb. Gutscher (* 1950 in Gontenschwil/Schweiz) ist eine zeitgenössische Pädagogin, Singschullehrerin, Organistin, Cembalistin, Chorleiterin, Autorin und Komponistin moderner geistlicher Lieder. Sie wurde als Tochter des Pfarrers Paul Joachim Gutscher und der Lehrerin Emma Gutscher-Urech geboren und ist evangelisch-reformierten Bekenntnisses. Sie besuchte im Zeitraum zwischen 1957 und 1963 die Primarschule und anschließend bis zum Jahr 1965 das Untergymnasium in Frauenfeld. Anschließend studierte sie am Lehrerinnenseminar Aarau und schloss im Jahr 1971 das Studium mit dem Patent ab. Es folgte bis 1972 eine Tätigkeit als Primarlehrerin in Romanshorn und ein Orgelstudium bei Jean-Claude Zehnder (* 1941) am Konservatorium Winterthur, das 1974 mit dem Lehrdiplom abgeschlossen wurde. Das in gleichen Jahr angetretene Studienjahr verbrachte Lutz in Wien, wo sie Cembalo-Unterricht bei Isolde Ahlgrimm (1914-1995) nahm und die historische Aufführungspraxis nach Josef Mertin (1904-1998) kennenlernte. Nach einer Ausbildung zur Singschullehrerin unterrichtete sie dieses Fach bis 2013 in St.Gallen, bildete sich aber gleichzeitig in den Fächern Stimmbildung, Körperarbeit und Dirigieren weiter. Sie leitete mehrere Chöre und Singgruppen, wirkte am Weltgebetstag der Frauen in der Ostschweiz mit, fungierte als Kursleiterin des Zentrums für Spiritualität, Bildung und Gemeindebau der Evangelischen Landeskirche Thurgau (*tecum*) und arbeitete im Schweizer Singbuchverlag mit. Ihre Kompositionen, u. a. Liturgien, Choräle und Melodiesätze wurden teilweise in kirchlichem Auftrag ausgeführt. Darüber hinaus verfasste sie über 100 geistliche und weltliche Gedichte, die in Literatur-Zeitschriften und Anthologien, wie dem 2005 in St.Gallen erschienenen Buch *Bäuchlings auf Grün* aufgenommen wurden. Im Gesangbuch der Evangelisch-reformierten Kirchen der deutschsprachigen Schweiz, das 1998 in Zürich erschienen ist, wurde das von ihr verfasste und mit einer Melodie versehene Lied *Mach mich zum Werkzeug deines Friedens* aufgenommen. Sie war seit dem Jahr 1975 mit dem Kirchenmusiker Rudolf Lutz (* 1951) verheiratet, mit dem sie drei Kinder hat. Nach der Scheidung war sie in zweite Ehe bis zu dessen Tod im Jahr 2018 mit dem Juristen Rolf Germann verehelicht. [R] [A]

Macht, Siegfried

Siegfried Macht (* 13. Oktober 1956) ist ein deutscher evangelisch-lutherischer Theologe, Pädagoge, Kirchenmusiker und Lieddichter. Er studierte Musik und Theologie für das Lehramt in Hannover, ist Tanzpädagoge und Dozent in der Erwachsenenbildung. Macht promovierte nach interdisziplinärem Zweitstudium (Theologie/Musik) im Jahr 2000 zum Thema *Der Liedtanz als Medium der Religionspädagogik* und ist seit 2002 Professor für Kirchenmusik-Pädagogik, Hymnologie und Bibelkunde an der Hochschule für evangelische Kirchenmusik in Bayreuth. Er ist der Verfasser vieler religions- und musikpädagogischer Abhandlungen und geistlicher Lieder, von denen eines in das im Jahr 2007 in Basel erschienene Gesangbuch der Evangelischen Brüdergemeine aufgenommen wurde; einzelne Strophen seiner Lieder werden auch für die Herrnhuter Losungen verwendet. Kanonvertonungen seiner Kurzgedichte finden sich in den Regionalteilen des evangelischen Gesangbuches für die Hannoversche Landeskirche und die Nordkirche, seine biblischen Erzähllieder vor allem auch in den Kindergesangbüchern der evangelischen Landeskirchen Niedersachsens und Bayerns. [B][R][A]

Magewirth, Julius

Jakob Julius Hermann Adalbert Magewirth (* 17. September 1830 in Worms; 29. Mai 1893 in Bad Homburg v. d. Höhe) war ein deutscher evangelisch-lutherischer Pfarrer und Lieddichter. Anfänglich beabsichtigte er, Kunst in München zu studieren, konnte aber wegen der dort ausgebrochenen Cholera nicht dorthin gelangen. Daraufhin besuchte er weiter das Gymnasium in Worms und immatrikulierte sich im Jahr 1860 an der Universität in Gießen, wo er Theologie und Alte Sprachen studierte. Er unterbrach sein Studium für ein Jahr, studierte Geschichte und Literatur in Heidelberg, und schloss sein Theologiestudium 1863 ab. Hierauf besuchte er das Theologische Seminar in Friedberg, wurde als Pfarrer ordiniert und versah seinen ersten Dienst im geistlichen Amt als Hofprediger in Schloss Schaumburg im Herzogtum Oldenburg. Anschließend war er von 1866 bis 1868 Pfarrer in Naurod, anschließend bis 1873 Gemeindepfarrer in Oberursel und betreute anschließend Gemeinden in Dörnberg (drei Monate),

Langenscheid (18 Monate) und Cramberg bei Diez (acht Jahre). Vom 1. November 1883 bis zu seinem Tod wirkte er dann als Oberpfarrer in Bad Homburg, wo er zuletzt in der Schulstraße 3 lebte. Als er in Bad Homburg seinen Dienst aufnahm, war bereits verwitwet, mit ihm zogen seine Kinder an die neue Wirkungsstätte. Ein ausführlicher Nachruf mit detaillierter Beschreibung der Beerdigungsfeierlichkeiten auf dem Friedhof am Untertor erschien im *Taunusboten* vom 1. Juni 1893. Magewirth hatte im Jahr 1883 eine Sammlung eigener geistlicher Lieder unter dem Titel *Glockentöne - Geistliche Dichtungen* im Verlag der Gebrüder Knauer in Frankfurt am Main veröffentlicht. [R]

Mang, Hans-Jürgen

Hans-Jürgen Mang (* 1956 in St. Ingbert) ist ein evangelischer Pfarrer und Autor geistlicher Lieder. Er wurde als Sohn des Stadtmissionars Johannes Mang (1901-1983) und seiner dritten Ehefrau Elfriede Karoline Mang, geb. Cloß (1920-2000), geboren und war Schüler der evangelischen Grundschule im Wiesentalschulhaus in seiner Geburtsstadt. Anschließend besuchte er das Staatliche Realgymnasium in St. Ingbert und legte im Jahr 1977 das Abitur ab, worauf er, nach dem einjährigen Zivildienst beim Missionswerk *Frohe Botschaft* in Großalmerode, eine Banklehre bei der Kreissparkasse St. Ingbert absolvierte, einen Jugendkreis betreute und als Liedermacher in kirchlichen Kreisen auftrat. Nach wenigen Monaten als Leiter einer kleinen Bankfiliale immatrikulierte sich Mang im Jahr 1981 an der Universität in Saarbrücken, wo er Theologie studierte. Er heiratete die Gemeindediakonin Dorothea Kühn, die Tochter eines Pfarrers, der bei Melsungen eine Gemeinde betreute, und lebte ab da in Neustadt an der Weinstraße, von wo Mang sein Studium an der Universität in Heidelberg fortsetzte. Im Jahr 1986 legte Mang die erste kirchliche Prüfung bei der pfälzischen Landeskirche ab und trat das Vikariat in der Gemeinde von Lachen-Speyerdorf an. Im Jahr 1989 bestand er die zweite kirchliche Prüfung und wurde für fünf Jahre als Pfarrer nach Einöllen in der Nordpfalz berufen, wo er im Jahr 1994 zum Stelleninhaber ernannt wurde und weitere fünf Jahre blieb bis er mit seiner Familie im Jahr 1999 zur Gemeinde von Pirmasens-Winzeln wechselte, wo er bis heute als Pfarrer im Dienst steht. Mang hat drei inzwischen erwachsene Kinder. Er hat bis heute eine Kantate und über 100 geistliche Lieder geschrieben, von denen viele durch den Komponisten →Klaus Heizmann vertont wurden. Einige Lieder Mangs stehen beispielsweise im Gesangbuch *Unser Liederbuch - Gestern - heute - morgen*, das im Jahr 2001 in Aßlar erschienen ist. [R][A]

Martini, Franz

Franz Martini, auch Franciscus Martini (* 29. Dezember 1683 in Presen auf Fehman/Herzogtum Schleswig, † 1. Oktober 1725) war ein evangelisch-lutherischer Pfarrer, Hymnologe und Lieddichter. Er besuchte die Schule auf Fehmarn und in Wismar, um anschließend in Rostock und Kiel zu studieren. Am 1. April 1709 trat er eine Pfarrstelle in Hansühn im Herzogtum Holstein an. Diese Gemeinde stand in damaliger Zeit in schlechtem Ruf; unter anderem ist überliefert, dass kaum eines der Gemeindemitglieder den Katechismus gekannt habe, so dass Martini seine erste und wichtigste Aufgabe darin sah, allen Gemeindemitgliedern in plattdeutscher Sprache Religions-Nachhilfeunterricht zu erteilen. Auch führte er den Karfreitag als Feiertag ein und lehrte die Menschen, ihn würdig zu feiern. Der ab dem Jahr 1716 schwer kranke Pfarrer starb im 41. Lebensjahr und wurde am 31. Oktober 1725 in seiner Kirche neben einem frühverstorbenen eigenen Sohn begraben. Martini war verheiratet und hinterließ einen Sohn. Ein Nachruf, der auch als Tafel ausgefertigt wurde und in der Kirche von Hansühn hing, rühmte Martinis Frömmigkeit, Aufrichtigkeit, Freundlichkeit und seine wortgewaltigen Predigten. Martini gab am Verlagsort Lübeck im Jahr 1717 eine hymnologische Schrift über wichtige Kirchenlieder der lutherischen Kirche heraus. Das Werk heißt *Des Evangelischen Zions in Holstein Heilige Jubel-Freude*. Darüber hinaus ist von Martini auch ein eigenes geistliches Lied bekannt; es ist ein Morgenlied und heißt *Auf, ermuntre dich, mein Sinn*. Der Pfarrer und Lieddichter Johann Andreas Cramer (1723-1788) veränderte das Lied und ließ es unter dem Titel *Noch erleuchtet mich dein Licht* erscheinen. [R]

Merkel, Georg

Georg Merkel (* 2. Februar 1882 in Nürnberg; † 28. Mai 1968 in Rummelsberg im Landkreis Nürnberger Land in Franken) war ein deutscher evangelisch-lutherischer Pfarrer, Herausgeber und Schriftsteller. Er wurde als Sohn des Arztes Gottlieb von Merkel (1835-1921) und Emma Schwarz (1840-1921) als Zwillingskind von zehn Kindern geboren und früh für das Theologie-Studium bestimmt. Seine gläubige Mutter, deren Familie Beziehungen zur Herrnhuter Brüdergemeine hatte, schloss das Abendgebet mit den Kindern stets mit dem Satz *Christi Blut und Gerechtigkeit, das ist mein Schmuck und Ehrenkleid. Damit will ich vor Gott bestehn, wenn ich zum Himmel werd' eingehn*. Er studierte ab dem Jahr 1901 Theologie an der Universität in Erlangen und verbrachte das Studienjahr 1903/1904 in Berlin. Er legte das Erste Theologische Examen in Er-

langen ab, wurde im November 1905 als Privatvikar nach Selb berufen und nach Ostern 1906 als Zweiter Stadtvikar nach Würzburg versetzt, wo er im Jahr 1910 das Zweite Theologische Staatsexamen bestand. Auf einer Versammlung des Evangelischen Arbeitervereins lernte er Ilse Perschmann, die Tochter des in Würzburg lebenden Superintendenten Friedrich Perschmann, kennen und verlobte sich mit ihr. Das Paar heiratete am 25. September 1910, konnte aber keine Kinder bekommen. Seine erste Pfarrstelle fand er in Filke in Unterfranken, wo auch die thüringischen Filialgemeinden Sands und Weimarschmieden zu betreuen hatte und wo er ein sehr kirchenfernes Volk vorfand, deswegen er Hausgottesdienste einrichtete. Im Jahr 1917 wurde Merkel auf die Stelle des dritten Pfarrers der Heilig-Geist-Kirche in Nürnberg berufen. Der Verleger Christian Geyer (1862–1929) ernannte Merkel darüber hinaus zum Nachfolger von Julius Kern als Herausgeber und Redaktionsleiter der Monats-Zeitung *Christentum und Gegenwart*. Zusätzlich unterrichtete Merkel an der *Lohmannschen Lehrerinnen-Bildungsanstalt*. Später stieg Merkel zum Prodekan auf und wurde 1952 emeritiert. Merkels Lieder sind 1948 im Freimund-Verlag, Neuendettelsau, unter dem Titel *Gott, laß dein Heil uns schauen* erschienen. [B][R]

Messerschmidt, Christof

Christof Messerschmidt (* 18. April 1970 in Ludwigsburg/Baden-Württemberg) ist ein evangelisch-lutherischer Pfarrer und Verfasser moderner geistlicher Lieder für Kinder und Erwachsene. Er wurde als Sohn von Richard und Else Messerschmidt geboren und besuchte das Ganerben-Gymnasium in Künzelsau, wo er im Jahr 1989 das Abitur ablegte. Hierauf studierte er von 1991 bis 1997 in

Bonn, Halle (Saale) und am Ev. Stift in Tübingen Theologie und schloss die Studien mit dem Titel eines Diplom-Theologen ab. Nachdem er anschließend zwei Jahre als Religionslehrer in Bad Lobenstein (Thüringen) unterrichtet hatte, absolvierte er sein Vikariat zwischen 1999 und 2002 in Asperg, und war dann bis 2003 Pfarrer zur Dienstaushilfe in Weinsberg. Hieran schloss sich bis 2008 eine Zeit als Pfarrer in Creglingen an, worauf er seine derzeitige Pfarrstelle in Lorch und Weitmars im Ostalbkreis antrat. Messerschmidt ist verheiratet und hat zwei Kinder. Seine Kindersingspiele sind im Loosmann- und Carius-Verlag erschienen; er hat bis heute etwa zehn Lieder verfasst; das in Zusammenarbeit mit Verena Rothaupt (* 1957) entstandene Nachfolgelied *Wir gehen mit dir deinen Weg* wurde in das vom katholischen Amt für Kirchenmusik der Erzdiözese Freiburg im Jahr 2020 am Verlagsort Leinfelden-Echterdingen unter dem Titel *Neue Lieder für Gott und die Welt* herausgegebene Chorbuch für den Kindergottesdienst aufgenommen. [R] [A]

Methfessel, Christian

Christian David Methfessel (* 17. September 1986 in Hamm/Nordrhein-Westfalen) ist ein deutscher Chemiker, IT-Spezialist und -berater, *Poetry Slammer*, sowie Autor und Komponist moderner christlicher Lieder. Er wurde als Sohn des Ärzte-Paares Claudia Geller und Friedrich Methfessel geboren und wuchs mit seinen drei Geschwistern in Holzminden auf. Er besuchte von 1993 bis 1997 die katholische Grundschule Holzminden und anschließend bis 1999 die dortige Astrid-Lindgren-Schule. Hierauf absolvierte er bis zum Jahr 2006 das Campe-Gymnasium Holzminden, wo er das Abitur ablegte, und leistete dann bis Mai 2007 Zivildienst in der *HaWeTec* Holzminden, einer Einrichtung der Harz-Weser-Werkstätten. Für

sein Chemiestudium zog es ihn nach Erlangen, wo er seine Frau Lisa Neubauer kennenlernte. Parallel zu seiner Promotion arbeitete Methfessel als Webentwickler, Teamleiter und Coach. Evangelisch-lutherisch getauft und römisch-katholisch aufgewachsen, engagiert er sich seit früher Kindheit konfessionsübergreifend in verschiedenen Kirchengemeinden und musiziert in Kirchenbands. Durch prägende Erfahrungen in Taizé, Frankreich fand er 2012 zu einem tiefen, ökumenischen Glauben zurück und entdeckte das Komponieren geistlicher Lieder als einen urpersönlichen Ausdruck dieses Glaubens. Viele seine Lieder beschäftigen sich mit Zweifeln, Fragen und Alltagssorgen, aber auch mit dem Gespräch mit Gott und einem christlichen Urvertrauen. Seit 2015 veröffentlicht Methfessel eine ständig aktualisierte Sammlung seiner christlichen Kompositionen im Eigenverlag. Sein Liederbuch *Unterwegs* kann kostenfrei von seiner Webseite heruntergeladen werden. [R] [A]

Meyer, Karl Heinz

Karl Heinz Meyer (* 16. Oktober 1918 in Coswig/Sachsen; † 1. Mai 1961 in Osnabrück) war ein deutscher evangelisch-lutherischer Pfarrer und Lieddichter. Er wurde als Sohn des Lokomotivenheizers Carl Hermann Meyer, und seiner Frau Martha, geb. Simon, geboren und besuchte das Realgymnasium in der Lößnitz in Radebeul. Im Zeitraum zwischen Juni 1935 und Ostern 1938 absolvierte Meyer eine Ausbildung zum Kaufmann in Firma *Kirchbach'sche Werke AG* in Coswig und trat anschließend eine Ausbildung am Missionsseminar in Leipzig an. Im Zeitraum zwischen Januar 1940 und Juni 1945 leistete er Wehrdienst als Bordfunker der Luftwaffe und Flieger an der Ost- und an der Mittelmeerfront, wobei er ein Mal abgeschossen wurde und zwei Mal abstürzte. Im Jahr 1944 wurde er zum Navigationslehrer ausgebildet und war dann Lehrer an einer Flugzeugführerschule. Nach kurzer amerikanischer Kriegsgefangenschaft kehrte er im Juni 1945 in die Heimat zurück und nahm seine Weiterbildung am Missionsseminar wieder auf. Im März 1947 bestand er die Erste Theologische Prüfung am Ev.-Luth. Missionsseminar Leipzig und legte im November 1948 das Zweite Theologische Examen in Dresden ab. Er heiratete im Juni 1947 Inge, geb. Wagner (* 24.10.1919), und hatte mit ihr in den beiden Folgejahren eine Tochter und einen Sohn. Im Zeitraum zwischen April 1947 und März 1948 arbeitete Meyer als Hilfsgeistlicher an Johanneskirche in Siegmar-Schönau, und wechselte nach seiner Ordination im Jahr 1948 als Vikar bis November des gleichen Jahrs an die Lutherkirche ebenda, worauf er dort erneut als Hilfsgeistlicher bis Februar 1950 im Dienst stand. Am 25. Februar 1950 wurde er als Pfarrer derselben Gemeinde zugewiesen. In der 1946 in Göttingen von Friedrich Samuel Rothenberg (1910-1997) herausgegebenen Sammlung neuer geistlicher Gedichte, die unter dem Titel *Lob aus der Tiefe - Junge geistliche Dichtung* erschien, wurde ein geistliches Lied von Meyer berücksichtigt. Ein hat den Titel *In den dunklen Stunden* und ist im Jahr 1943 auf Sizilien entstanden. Ob die im Jahr 1933 in Berlin verlegte Abhandlung *Das Recht der religiösen Minderheiten in Polen* von ihm oder einem gleichnamigen Autor stammt, lässt sich derzeit nicht feststellen. [R]

Meyer-Baltensweiler, Elsbeth

Elsbeth Meyer-Baltensweiler (* 1925 in Zürich/Schweiz) ist eine Schweizer Theologin, Pädagogin und Lieddichterin evangelisch-freikirchlicher Konfession. Auf Grund ihrer mathematischen Begabung nahm sie im Jahr 1944 eine Anstellung in der mathematischen Abteilung einer Schweizer Lebensversicherung an. Schon in der Jugend war sie gewillt, ihr Leben in den Dienst Gottes zu stellen und besuchte von 1947 bis 1948 die Bibelschule *Beatenberg*. Hierauf studierte sie im Zeitraum zwischen 1949 und 1953 Theologie in Südfrankreich und arbeitete von 1953 bis 1967 als Lehrerin am Missionsseminar *Beatenberg*, womit sie ihre Lebensaufgabe in der Ausbildung junger Menschen für den Dienst in Gemeinde und Mission fand. Von 1968 bis 1990 unterrichtete Elsbeth Meyer-Baltensweiler an der Bibelschule für Frauen und am Theologischen Seminar der Pilgermission *St. Chrischona* in Bettingen bei Basel. In den 50er und 60er Jahren des 20. Jahrhunderts ergaben sich durch Radiosendungen und Schallplatten neue Möglichkeiten, das Evangelium in Wort und Lied zu verkündigen. In Zusammenarbeit mit dem Verlag Hermann Schulte, Wetzlar, beteiligten sich Chöre und Solisten der Bibelschule *Beatenberg* an der Herausgabe der Schallplattenreihe *Frohe Botschaft im Lied*, wobei diese u. a. hierfür geschriebene Liedtexte von Elsbeth Meyer nutzten. Fünf ihrer Lieder wurden die von Pfr. Dr. Riecker 1970 herausgegebene Liederbuchsammlung *Jesu Name nie verklinget*, Band 2, aufgenommen. Im Gesangbuch *Feiern und Loben*, das vom Bund Freier evangelischer Gemeinden und dem Bund Evangelisch-Freikirchlicher Gemeinden im Jahr 2003 herausgegeben wurde, steht ebenfalls ein von Elsbeth Meyer-Baltensweiler verfasstes Lied. Darüber hinaus gab sie mit anderen das Bibellexikon im Brunnen-Verlag heraus. Sie war seit 1958 mit Konrad Meyer verheiratet und lebt in Therwil im Kanton Basel-Landschaft. [R] [A]

Michael, Curt Wilhelm

Curt Wilhelm Michael (* 29. Dezember 1884 in Halle/Saale in der preußischen Provinz

Sachsen; † 15. November 1945 in Landsberg an der Warthe) war ein deutscher Pädagoge und Lieddichter der evangelisch-freikirchlichen Adventisten-Gemeinschaft. Michael studierte Philologie an den Universitäten von München, Leipzig, Heidelberg und Halle/Saale und promovierte im Jahr 1909. Nachdem er die Lehramtsprüfung abgelegt hatte, arbeitete er an Gymnasien in seiner Vaterstadt, in Quedlinburg und Magdeburg. Im Jahr 1922 trat er in das Missionsseminar der Adventisten im Neandertal bei Düsseldorf ein und leitete es zwischen 1923 und 1928. Anschließend stand er den Predigerseminaren Friedensau bei Burg und Marienhöhe bei Darmstadt vor. Im Jahr 1939 nach Friedensau zurückgekehrt, musste er dort 1943 die Schließung des Seminars durch den nationalsozialistischen Unrechtsstaat erleben. Nach der Besetzung durch russische Truppen wurde Wilhelm unter ungeklärten Umständen verhaftet und starb in einem Straflager in Landsberg an der Warte. Michael verfasste mehrere theologische Werke und geistliche Lieder, von denen 18 in der Liedsammlung *Zionslieder* stehen, die um das Jahr 1947 im Advent-Verlag in Hamburg erschienen ist. [R]

Michael, Gerhard Paul

Gerhard Paul Michael (* 10. Dezember 1935 in Düsseldorf; † 25. November 2008) war ein deutscher Verlagsleiter, Autor und Komponist moderner geistlicher Lieder evangelischer Konfession. Michael war ab dem Jahr 1960 bis zu seiner Pensionierung im Jahr 1998 Geschäftsführer des Christlichen Sängerbundes und leitete dessen 1951 gegründeten Verlag Singende Gemeinde ab dem Jahr 1977. Von Michaels geistlichen Liedern sind zwei überregional bekannt geworden und stehen in Gesangbüchern. Zum einen handelt es sich um das Weihnachtslied *Schöpfer Gott, du Herr der Welt, der sein Werk*. Das andere Lied entstand im Jahr 1972 und heißt *Du hast meine Klage verwandelt*, bezieht sich auf Psalm 30 des Alten Testaments und steht in dem von der Evangelischen Kirche des Rheinlands herausgegebenen *Beiheft zum Evangelischen Kirchengesangbuch*, das im Jahr 1984 in Kassel unter dem Titel *Singt und dankt - Lieder und Gebete* erschienen ist. [R]

Mitscha-Eibl, Claudia

Claudia Mitscha-Eibl (* 17. Juni 1958 in Mistelbach/Niederösterreich) ist eine österreichische Lehrerin, sowie Autorin und Komponistin moderner geistlicher Lieder und deutschsprachiger Chansons mit persönlichem und gesellschaftskritischem Inhalt. Sie wurde als Tochter des Landwirts Hanno Mitscha-Märheim und der Übersetzerin Christa Mitscha-Märheim geboren und studierte im Zeitraum zwischen 1977 und 1984 Katholische Theologie an der Universität Wien. Sie schloss das Studium mit dem Magistertitel sowie einer Diplomarbeit über Feministische Theologie ab. Zugleich studierte sie zwischen 1976 und 1981 Musikpädagogik (Blockflöte) an der Musikhochschule in Wien und wandte sich unter dem Eindruck des Schicksals behinderter Kinder in einem psychiatrischen Krankenhaus dem Thema der Benachteiligung von Menschen zu, denen sie in ihren Liedern eine Stimme verleiht. Seit 1984 ist Mitscha-Eibl Lehrerin für Religion und Ethik an berufsbildenden Schulen, seit 1993 an der Schule für Sozialbetreuungsberufe mit dem Ausbildungsschwerpunkt Behindertenarbeit. Sie engagiert sich darüber hinaus in der Lebens-, Sterbe- und Trauerbegleitung. Im Jahr 2011 trat sie zur Evangelisch-lutherischen Kirche über und gehört der Pfarrgemeinde Korneuburg an, in der sie sich ehrenamtlich als Kirchenmusikerin betätigt und deren Gemeindeleben sie mit Gitarre, Gesang, und fallweise Chorleitung, sowie als Lektorin bereichert; sie ist auch Mitglied des Presbyteriums und wurde im Jahr 2020 zur Kuratorin gewählt. Unter ihren über 50 Liedern ist das *Mirjam-Lied* das weitestverbreitete: es steht in zahllosen modernen Liedersammlungen. Zusammen mit der evangelisch-lutherischen Theologin Brigitte Enzner-Probst (* 1949) schrieb Mitscha-Eibl eine Frauenmesse, die unter dem Titel *Frau - wir erinnern dich!* aufgeführt wird und im Jahr 2015 im Strube-Verlag erschienen ist. Mitscha-Eibl war die erste Preisträgerin des 1999 gestifteten *Hanna-Strack-Preises*. Sie gibt Konzerte und hat seit 1992 mehrere Tonträger veröffentlicht. Sie ist Mutter dreier erwachsener Kinder, ist geschieden und lebt in Korneuburg. [W][R][A]

Möller, Stephan

Stephan Möller (* 28. Oktober 1953 in Wolfen/Stadtteil von Bitterfeld) ist ein deutscher Pädagoge, Lieddichter und -übersetzer. Er ist evangelischen Bekenntnisses und wurde als Sohn der Sekretärin Gertraud Stephanie Möller, geb. Stieler (1921-2012) und dem Lehrer Werner Möller (1921-1996) geboren, besuchte im Zeitraum zwischen 1960 und 1964 die Volksschule Rosenhügel in Remscheid und anschließend bis zum Jahr 1972 das dortige Ernst-Moritz-Arndt-Gymnasium. Nach dem Abitur studierte er bis zum Jahr 1976 Musik, Evangelische Religion und Deutsch für das Lehramt an Hauptschulen an der Gesamthochschule Wuppertal (heute Bergische Universität Wuppertal), wo er das I. Staatsexamen ablegte. Anschließend besuchte Möller für ein Jahr die Justus-Liebig-Universität in Gießen, wo er die Fächer Musik und Evangelische Religion für das Lehramt an Realschulen belegte und im Jahr 1979 ebenfalls mit dem I.

Staatsexamen abschloss. Schließlich absolvierte er zwischen 1984 und 1986 noch einen Diplomlehrgang für Gitarre und Popularmusik an der Akademie Remscheid. Er arbeitete vom Jahr 1979 an als Referendar, dann bis zu seinem Eintritt in den Ruhestand im Jahr 2019 als Lehrer an der Integrierten Gesamtschule Schlitzerland in Schlitz, davon viele Jahre als Fachbereichsleiter für Religion und als Personalratsvorsitzender. Darüber hinaus ist Möller seit Anfang der 80er Jahre Gitarrenlehrer an der Musikschule in Schlitz, für deren Schulfeiern er Lieder verfasst und komponiert. Er ist verheiratet mit der Sängerin Ute Christine Spöhrer-Möller hat mit ihr zwei erwachsene Töchter. Möller verfasste bisher über 50 moderne geistliche Lieder, die er zum Teil aus Fremdsprachen übertrug. Eine Sammlung erschien im Jahr 2007 unter dem Titel *Herztöne - Lieder meines Lebens*, eine zweite Auflage folgte im Jahr 2015. Hinzu kommt seit 2009 jedes Jahr das jeweilige von ihm geschriebene und komponierte Lied zum Thema der jährlichen Kinderbibelwoche in der örtlichen Kirchengemeinde in Schlitz. Im Gesangbuch *Feiern und Loben*, das vom Bund Freier evangelischer Gemeinden und dem Bund Evangelisch-Freikirchlicher Gemeinden im Jahr 2003 herausgegeben wurde, steht das von Andraé Crouch im Jahr 1976 verfasste und von Möller unter dem Titel *Bald schon kann es sein, dass wir Gott als König sehn* ins Deutsche übersetzte Lied [R][A]

Montmollin, Rachel de

Rachel de Montmollin (1894-1978) war eine Schriftstellerin und Herausgeberin, von der drei Lieder in das vom Diakonissenmutterhaus Aidlingen im Jahr 1986 in Stuttgart herausgegebene Gesangbuch *Neue Lieder* aufgenommen wurden. Montmollin war *im Maison de la Bible* in Genf tätig, das die Rechte an den

Liedern besitzt. Diese Bibelanstalt wurde um das Jahr 1919 von dem aus Schottland stammenden Missionar und Lieddichter der Erweckungsbewegung →Hugh Edward Alexander (1884-1957) gegründet. Rachel de Montmollin und Alexander gaben zusammen Monatsschrift für Jugendliche *Der junge Zeuge*, die im Jahr 1968 im 33. Jahrgang erschien. [R]

Morgenstern, Christine

Christine Morgenstern, geb. Goldmann (* 21. April 1959 in Herrnhut/Sachsen) ist Kindergärtnerin und Liedautorin, -komponistin und Sängerin der sog. *Charismatischen Bewegung*. Sie wurde als Tochter des Berufskraftfahrers Heinrich Goldmann und der Hebamme Katharina Elisabeth Goldmann, die von aus Ungarn vertriebenen Deutschen abstammte, geboren und besuchte im Zeitraum zwischen 1965 und 1975 die Polytechnische Oberschule Herrnhut. Hieran schloss sich zwischen 1975 und 1979 eine kirchliche Ausbildung zur Kinderdiakonin in der evangelisch-lutherischen Kirche an, die in Leipzig und Bad Lausick absolvierte wurde. Im Jahr 1979 heiratete sie den Theologen Bernhard Gottfried Morgenstern; ihnen wurden vier Kinder geschenkt. Christine Morgenstern arbeitet seit 2002 als Erzieherin in der Schuljugendarbeit des CVJM am Friedrich-Schleiermacher-Gymnasium in Niesky, wo sie mit ihrer Familie auch wohnt. Sie schuf seit 1974 150 Lieder, zu denen sie auch meistens die Melodien komponierte und die vor 1989 meist mündlich oder handschriftlich verbreitet wurden; in der sogenannten *Herrnhuter Mappe* des Christlichen Zentrums *Jesus-Haus* in Herrnhut sind 60 ihrer Lieder mit Text und Melodie festgehalten. Ab 1985 wurden 42 Lieder in Liedsammlungen und auf div. Tonträgern veröffentlicht; allein in den Liederbüchern *Du bist Herr* erschienen zehn ihrer Lieder. [R] [A]

Müller, Ernst

Ernst Müller (* 1. Januar 1627 in Marburg/Landgrafschaft Hessen-Darmstadt, † 3. November 1681) war ein evangelischer Pfarrer und Schriftsteller. Er besuchte die Schulen seiner Vaterstadt und studierte dort. Durch Einwirkungen des Dreißigjährigen Krieges musste er den Studienort wechseln und studierte erst in Marburg, dann ab 1647 in Lübeck. Hierauf unterrichtete er in Riga die Kinder eines Kaufmanns und lebte kurz in Schweden, wo ein angestrebtes Studium in Uppsala sich als zu kostspielig erwies, sodass er zurückkehrte und ab Ende September 1650 in Gießen sein Theologiestudium fortsetzte. Ab 1652 lebte er in Darmstadt, wo er als Privatlehrer am dortigen Hof arbeitete. Nach einer Bildungsreise durch die Pfalz, Württemberg und nach Straßburg wurde er von Landgraf Georg als Hofstaats- und Regimentsprediger angestellt und machte den polnischen und dänischen Feldzug mit. Im Jahr 1658 kehrte er nach Darmstadt zurück, wo er eine Anstellung als Garnisons- und Burgprediger hatte und als Assessor des geistlichen Konsistoriums wirkte. Im Jahr 1659 heiratete er die Apothekerstochter Felicitas Walbach aus Butzbach. Eine Tochter und ein Sohn sind namentlich bekannt. Neben Erbauungsschriften ließ Müller im Jahr 1665 am Verlagsort Marburg eine Sammlung eigener Predigten unter dem Titel *Evangelische Seelen-Übung* drucken, die auch einstrophige geistliche Lieder sowie das Trostlied mit drei Strophen und dem Titel *Er hat alles wohl gemacht* enthalten. [R]

Müller, Johann Peter

Johann Peter Müller (* 28. Juli 1791 in Kesselstadt/Grafschaft Hanau; † 29. August 1877 in Langen) war ein deutscher lutherischer Pfarrer, Pädagoge, Komponist und Lieddichter. Müller wurde als Sohn von Johann Philipp

Müller aus Büdingen und Anna Margretha Häusser aus Kesselstadt geboren, arbeitete zunächst als Lehrer am Lehrerseminar in Friedberg und trat dann ins geistliche Amt, als er Pfarrer in Staden bei Friedberg wurde. Er starb 1877 in Langen bei Frankfurt am Main. Er war verheiratet mit Christiane Braubach (1791-1854). Als Komponist schuf er beispielsweise 16 Praeludien für Orgel und drei Bläserquintette, sowie Zwischenspiele zum *Choralbuch für das Großherzogtum Hessen für Orgel*, das der Komponist Johann Christian Heinrich Rinck (1770-1846) im Jahr 1814 herausgegeben hat. In dem vom Deutschen Bund der Mädchen-Bibel-Kreise 1925 in Leipzig unter dem Titel *Unser Lied* herausgegebenen Gesangbuch steht ein Lied von Müller. Es handelt sich um das Trostlied *Der Herr ist mein getreuer Hirt* und bezieht sich auf den 23. Psalm des Alten Testaments. [R]

Müller, Kai

Kai Müller (* 1969) ist ein deutscher Chorleiter, Kursleiter, Autor und Komponist moderner geistlicher Lieder. Müller hat das Tischler-Handwerk erlernt, nahm Gesangs- und Klavierunterricht und erlernte Komposition, Satzbildung sowie das Dirigieren bei →Klaus Heizmann. Müller ist seit 1990 Chorleiter für einen Gemeinde- und einen Jugendchor. Er veranstaltet Projektwochen zur Fortbildung von Chören und lehrt Dirigieren. Seit 2013 leitet er neben seiner freiberuflichen Tätigkeit in Teilzeit die musikalische Arbeit seiner Kirchengemeinde. Er wohnt in Reinsdorf/Vielau in Sachsen, ist verheiratet mit Konstanze Müller und hat drei erwachsene Kinder. Das Lied *Ich komme zum Kreuz* hat er zusammen mit seiner Frau geschrieben, dieses findet sich bspw. im Gesangbuch *Glaubenslieder 2*, das 2005 in der Christlichen Verlagsgesellschaft in Dillingen erschienen ist. [R][A]

Offele, Winfried

Winfried Offele (* 1939) ist ein katholischer Kirchenmusiker mit dem Schwerpunkt Chor- und Gemeindegesang und der Besonderheit, eine Brücke zu schlagen zwischen traditionellem und sog. neuem geistlichen Lied. Er wirkte vor allem in Duisburg und Essen, war Dekanatskantor und Mitglied der Bischöflichen Kommission für Kirchenmusik im Bistum Essen. Seit den Siebzigerjahren gab er deutschlandweit auf Tagungen seinen Kollegen sowie Seelsorgern, Lehrern und jungen Leuten Kriterien an die Hand, neue Lieder für den Gottesdienst zu beurteilen und richtig einzusetzen. Daraus erwuchsen Kompositionen und Liedtexte, vor allem aber Bearbeitungen und Ausweitungen vorliegender Werke. Er war bei der Erstellung des katholischen Gesangbuchs *Gotteslob* von 1975 Mitglied der Liedkommission und Leiter des Arbeitskreises für Lieder aus jüngerer Gegenwart, zudem Mitherausgeber der *Halleluja*-Bücher des Bistums Essen und der *Singles*-Liedblätter des Erzbistums Köln. Seine kompositorische Tätigkeit geht jedoch weit über das Liedschaffen hinaus. Sie gipfelte in seinem zweistündigen Advents-Oratorium *Ecce advenit*, das im Jahr 2010 uraufgeführt und 2019 auf Tonträger eingespielt wurde. In seinem Buch *Kirchenlieder, hinterfragt*, erschienen in Frankfurt im Jahr 2020, stellt er kritische Fragen an die Lieder des aktuellen *Gotteslob*-Gesangbuchs von 2013. Als Ergänzung zu der inzwischen erschienenen Literatur, die aus historischer, liturgischer und kultureller Perspektive auf die Lieder blickt, befragt er vor allem deren Praxistauglichkeit. Dabei belässt er es nicht bei Kritik, sondern macht viele Alternativvorschläge sowohl zu den *Gotteslob*-Liedern als auch darüber hinaus. Seine bekannteste Vertonung dürfte das *Heilig* sein, das im genannten Gesangbuch unter der Nummer 197 steht. Zahlreicher sind seine Texte, z. B. *Gott, den wir suchen* auf eine Melodie aus Finnland, *Wenn der Himmel in unsre Nacht* fällt auf eine Melodie von →Hans Florenz, *Franziskus, gottgesegnet, Guter Gott, dein Lob soll klingen, Maria, wir ehr'n dich im goldenen Bild, Wer ist wie Gott, ruft Michael*, auch viele deutsche Singfassungen nach Rohübersetzungen fremdsprachiger Texte. [R][A]

Peithmann, F.G.

F. G. Peithmann war ein deutscher evangelisch-lutherischer Pfarrer und Lieddichter, der vermutlich im 18. Jahrhundert in der Grafschaft bzw. im Fürstentum Schaumburg-Lippe oder in der Grafschaft Schaumburg lebte, als Pfarrer arbeitete und mindestens ein geistliches Lied schrieb, das Aufnahme in evangelische Kirchengesangbücher fand. Es trägt den Titel *Mein Jesus liebet mich, wie könnt ich ihn denn hassen*. Weitere Lebensdaten konnten, ungeachtet erheblicher Aufwände, nicht ermittelt werden. [R]

Petri, Johann Michael

Johann Michael Petri (* 12. November 1689 in Idstein/Grafschaft Nassau-Idstein, † 20. März 1747) war ein deutscher evangelisch-lutherischer Kantor, der zwischen 1718 und 1747 an der Kirche und dem Gymnasium in Idstein wirkte. Sein Vater war Nicolaus Petri aus Altenbreitungen an der Werra; Johann Michael Petri selbst war in erster Ehe ab 1718 mit Johanette Margarethe Preußer (1698-1733) verheiratet, die ihm acht Kinder schenkte. In zweiter Ehe war er ab 1735 mit Luciana Christiana Henrietta Sebastiani (* 1709) verbunden und hatte mit ihr einen Sohn. Das von Petri verfasste Lied *O Geist der stillen Ewigkeit* steht im Nassauisch-Idsteinischen Gesangbuch von 1741 unter Nummer 763. Johann Caspar Wetzel nennt im zweiten Band seines 1753 in Gotha erschienenen hymnologischen Standardwerks *Analecta hymnica* den Kantor Johann Martin Petri, was falsch ist. Die richtigen Angaben stehen in den Kirchenbüchern der Evangelischen Kirchengemeinde Idstein, die von Gerhard Hein gesammelt, zusammengestellt und im Jahr 1996 am Verlagsort Köln herausgegeben wurden. [B][W][R]

Petzold, Hiltrud

Hiltrud Petzold, geb. Schaale (* 12. Februar 1914 in Hunstig/Rheinprovinz (Preußen); † 19. November 2013 in Eisenach) war eine deutsche Komponistin, geistliche Lieddichterin und Kinderlied-Autorin evangelisch-lutherischer Konfession. Sie wurde als Tochter des Prokuristen und Handelsvertreters Willy Schaale und seiner Ehefrau Louise, geb. Berndt, geboren. Nach der Rückkehr der Familie nach Sachsen, woher die Eltern stammten, besuchte Hiltrud in Thum im Erzgebirge die Schule und absolvierte anschließend eine kaufmännische Lehre, die sie Ostern 1930 erfolgreich abschloss. Danach ließ sie sich am Ehrlichschen Gestift in Dresden zur Kindergärtnerin und Hortnerin ausbilden und besuchte anschließend in Dresden im Zeitraum zwischen 1936 und 1938 die Frauenschule für kirchlichen Dienst. Ein Praktikum absolvierte sie in Theuma bei Plauen, wo sie nach Abschluss der Ausbildung als Gemeindehelferin eine Anstellung fand. Der Kontakt mit dem dortigen Pfarrer Gottfried Garms, der zur Bekennenden Kirche gehörte, prägte ihre geistige Haltung und politische Gesinnung nachhaltig. Sie lernte den ebenfalls im Vogtland tätigen Volksschullehrer und späteren Kirchenmusiker →Johannes Petzold (1912-1985) kennen, den sie am 26. März 1940 heiratete. Mit ihm hatte sie in den folgenden Jahren fünf

Kinder, von denen zwei in jungen Jahren starben. Ab dem Jahr 1962 lebte die Familie in Eisenach. Hiltrud war eine vielseitig produktive Künstlerin; sie verfasste Kinder- und geistliche Lieder, vertonte Gedichte anderer Autoren und komponierte Kammerstücke und Chorsätze. Später brachte sie Reflexionen über Glaubens- und Lebensthemen immer wieder in Gedichten zur Sprache. Eine Sammlung von 30 Gedichten behandelt den frühen Tod des Töchterchens Friedegard im Jahre 1947. [R]

Petzold, Johannes

Johannes Petzold (* 24. Oktober 1912 in Plauen im Vogtland/Königreich Sachsen; † 19. Mai 1985 in Eisenach) war ein deutscher Kirchenmusiker, Komponist, Kirchenliedautor und Dozent. Petzold wurde als Sohn eines Musterzeichners in der Spitzen- und Gardinenindustrie seiner Heimatstadt geboren und war evangelisch-lutherischer Konfession. Er studierte in den Jahren zwischen 1932 und 1935 in Leipzig Pädagogik mit dem Hauptfach Musik. Einen Monat nach seiner Immatrikulation wurde er Mitglied im *Neuen Sächsischen Lehrerverein* und gehörte damit infolge der Gleichschaltung der Lehrervereine ab 1. Mai 1933 dem Nationalsozialistischen Lehrerbund an. Nach dem Studium arbeitete er als Volksschullehrer in Dörfern des Vogtlandes und Erzgebirges. Im Jahr 1933 wurde er Mitglied der SA; 1937 der Nationalsozialistischen Deutschen Arbeiterpartei. Schon am Beginn seines Studiums kam er in Kontakt mit der Singbewegung und nahm an Singwochen mit Alfred Stier und Hugo Distler teil. Die lebenslange Freundschaft und Zusammenarbeit mit Samuel Rothenberg (1910-1997) begann im Herbst 1932 mit einer gemeinsamen Chorfahrt durch Sachsen. Frühe Kompositionen und Texte Petzolds wurden bis 1945 in dessen Selbstverlag veröffentlicht. Am 26. März 1940 heiratete Petzold die Gemeindehelferin Hiltrud Schaale, die selbst komponierte und Lyrik verfasste und der Bekennenden Kirche nahestand. Mit ihm hatte sie in den folgenden Jahren fünf Kinder, von denen zwei in jungen Jahren starben. Petzold wurde im Februar 1940 zum Wehrdienst einberufen, wurde 1941 aber wegen einer Tuberkuloseerkrankung entlassen. Aus dem gleichen Grund endete im März 1942 seine Tätigkeit als Lehrer. Die folgenden Jahre brachte Petzold immer wieder in Krankenhäusern und Heilstätten zu, bis er nach einer erfolgreichen Thorax-Operation begrenzt arbeitsfähig war und 1952 Kantor in Bad Berka in Thüringen wurde. An der Franz-Liszt-Hochschule für Musik in Weimar bildete er sich als Gasthörer im Fach Tonsatz und Orgelspiel weiter. Im Jahr 1957 wurde ihm die Dienstbezeichnung Kirchenmusikdirektor verliehen. Im November 1961 erfolgte die Berufung an die Thüringer Kirchenmusikschule Eisenach als Dozent für Tonsatz, Musikgeschichte und Gehörbildung, wohin die Familie umzog. Neben seiner Lehrtätigkeit wirkte er bei Singwochen, Chortreffen und Gemeindeveranstaltungen mit. Er wurde im Jahr 1977 pensioniert. Sein Werk umfasst Melodien, Kanons, Chor- und Bläsersätze, Orgelvorspiele, Motetten und Kantaten, die größtenteils in Sammlungen veröffentlicht wurden. Seine Melodien finden sich vor allem in christlichen Gesangbüchern in Deutschland, Österreich, der Schweiz, Japan und Skandinavien. Zu seinen bekanntesten Werken gehört die Melodie zu Jochen Kleppers Adventslied *Die Nacht ist vorgedrungen*, das u. a. im Evangelischen Gesangbuch (EG) von 1993 steht, zwei seiner dort zu findenden Lieder hat er getextet. Petzolds jüngster Sohn Dietrich (* 1954) ist Geiger, Komponist und Hörbuchregisseur, der Sohn Michael war langjährig Flötist in der Meininger Hofkapelle und Christoph Petzold hält die Erinnerung an seine Eltern durch eine eigene Internetseite wach. [B][W][R]

Pilgram-Diehl, Margaretha

Eva Margaretha Pilgram-Diehl, geb. Pilgram (* 23. Februar 1816 in Butzbach/Großherzogtum Hessen-Darmstadt, † 1. September 1875 ebenda) war eine deutsche Dichterin evangelisch-lutherischer Konfession. Margaretha wurde als Tochter des Arztes und Medizinalrats Dr. Pilgram geboren. Im Jahr 1840 heiratete sie den Arzt Dr. Friedrich Wilhelm Jacob Diehl aus Münster, der als Kreisarzt in Butzbach praktizierte. Das Paar hatte in den folgenden Jahren drei Kinder, zwei Töchter und einen Sohn. Ab dem Frühjahr 1855 veröffentlichte sie Gedichte in belletristischen Zeitschriften. Sie starb nach kurzer Krankheit und fand ihre letzte Ruhestätte auf dem Friedhof ihrer Geburtsstadt. Eine Sammlung ihrer Gedichte erschien im Jahr 1860 in Frankfurt/Main im Verlag Sauerländer. [R]

Procopius, Melchior Dietrich

Melchior Dietrich Procopius, auch Procop war evangelischer Pastor und Schriftsteller. Er wirkte in den Jahren zwischen 1718 und 1735 als Pfarrer, weitere Lebensdaten sind unbekannt. Procopius veröffentlichte im Jahr 1720 die Sammlung *Auserlesene Moralische Gedichte* am Verlagsort Frankfurt/Main und im Jahr 1735 *Neue geistliche Lieder*. Darüber hinaus liegt auch mindestens ein gereimter Nachruf gedruckt vor, der den Hinweis enthält, Procopius sei *Pastor zu Altjungendorff*, ein Ort der sich derzeit nicht nachweisen lässt. Der Verlagsort der letztgenannten Publikation lautet Alten Stettin, was möglicherweise den Herkunfts- bzw. Wirkungsort von Procopius auf Pommern einschränkt. [R]

Puzberg, Günter

Günter Puzberg (* 1945 in Salzgitter-Bad) ist ein deutscher evangelisch-lutherischer Pfarrer, Schriftsteller, Komponist, Hochschullehrer, Herausgeber und Lieddichter. Er wurde als Sohn von Reinhold Puzberg und seiner Frau Margarete, geb. Knittel, geboren. Er besuchte im Zeitraum zwischen 1952 und 1959 die Grundschule und Realgymnasium in Fulda, erlernte zwischen 1954 und 1959 das Klavierspiel am dortigen Musik-Conservatorium und hatte später Orgelunterricht bei Gustav Sasse (1904-1969) in Hannover. Im Jahr 1965 legte er an der Leibnizschule in Hannover das Abitur ab. Hierauf studierte er an den Universitäten Göttingen, Zürich, Bremen und Hannover Theologie, Religionspädagogik, Germanistik, Musik, Pädagogik, Psychologie und Soziologie. Er schloss die Studien mit dem Ersten theologischen Examen ab, absolvierte zwischen 1969 und 1971 das Vikariat und besuchte das Predigerseminar in Rotenburg/Wümme. Er legte 1971 das Zweite theologische Examen in Hannover ab und bestand im Jahr 1976 das Abschluss-Examen im Fach Pädagogik der Erwachsenenbildung. Im Zeitraum zwischen 1971 und 1972 war er theologischer Mitarbeiter in der Bibliothek des Stadtkirchenverbands in Hannover, anschließend bis 1974 dort pädagogisch-theologischer Mitarbeiter in der *Evangelischen Erwachsenenbildung Niedersachsen* (EEB) und zwischen 1974 und 1980 Gemeindepfarrer in Elze-Esbeck, sowie pädagogischer Mitarbeiter der EEB in Südniedersachsen. Hieran schloss sich bis zum Jahr 1998 eine Tätigkeit als Landespfarrer für Erwachsenenbildung und für den Kirchlichen Dienst in der Arbeitswelt der Lippischen Landeskirche in Detmold an, wo er zugleich Umweltbeauftragter war. Im Jahr 1998 übernahm Puzberg die Leitung des Schulreferats der Lippischen Landeskirche und übte diese Tätigkeit bis zu seiner Pensionierung im Jahr 2006 aus. Er unterrichtete als Lehrbeauftragter an den Fachhochschulen von Hannover, Bottrop und Lemgo und ist derzeit Beauftragter für die Aktion *Wochen der Besinnung*. Er ist seit 1969 verheiratet mit Gerlinde Puzberg, geb. Bruns, und hat mit ihr zwei erwachsene Kinder. Er veröffentlichte bisher mehrere Liederbücher im Detmolder Geberg-Verlag, Religionspädagogische Literatur und Medien in verschiedenen Verlagen, komponierte im Jahr 2008 ein Musical *Es geht auf – mit den Farben Gottes* und zum Lutherjahr 2017 *Aus tiefer Not schrei ich zu dir – Elegie für Cello und Streicher*, sowie mehrere Klavier- und Orchesterwerke. Für sein geistliches Lied *Von allen Seiten umgibst du mich*, das eine Nachdichtung des 139. Psalms ist, hat Puzberg sowohl den Text als auch die Melodie verfasst. [R] [A]

Randenborgh, Elisabet van

Elisabet van Randenborgh, geb. Elisabeth Luise Sophie Juliane Riemeier (* 26. Dezember 1893 in Bielefeld/Provinz Westfalen (Preußen); † 25. Mai 1983 ebenda) war eine deutsche Schriftstellerin evangelischer Konfession. Elisabet, wie sie sich selbst schrieb, wurde als Tochter des Kaufmanns Friedrich Riemeier und seiner Frau Anna, geb. Welhöner, geboren, die durch Erweckungsbewegung im Ravensberger Land geprägt war. Elisabet besuchte das Ceciliengymnasium ihrer Geburtsstadt, wo sie 1914 das Abitur ablegte. Anschließend studierte sie Philologie, Germanistik und Theologie an den Universitäten in Bonn, Münster und München, wo sie im Jahr 1919 im Fach Philosophie promovierte. Sie setzte danach ihr Studium an der Universität Göttingen fort und legte dort das Staatsexamen für den Höheren Schuldienst ab, worauf

sie eine Zeit lang in der evangelischen Jugendarbeit für Mädchen im Burkhardt-Haus in Berlin-Dahlem arbeitete. In dieser Zeit verfasste sie die ersten Texte, Andachten, Laienspiele und Gedichte, die sie in einer von ihr selbst gegründeten Zeitung herausgab. Nach Bielefeld zurückgekehrt, leistete sie ein Jahr lang an der Cecilienschule das Referendariat ab. Im Jahr 1924 heiratete sie einen Studienkollegen, den späteren Oberkirchenrat Gottfried van Randenborgh (1894-1964), der als evangelischer Pfarrer in Iserlohn wirkte und in der Zeit des nationalsozialistischen Terrorregimes Mitglied der *Bekennenden Kirche* war. Zwischen 1933 und 1935 schrieb Elisabet eine Romantrilogie, in der sie die eigene Familiengeschichte im Lokalkolorit Ostwestfalens verarbeitete. Ab 1949 war die Familie wieder in Bielefeld ansässig, als Gottfried van Randenborgh dort zum Oberkirchenrat ernannt wurde und am westfälischen Landeskirchenamt für die Reorganisation der Evangelischen Kirche mitverantwortlich war. Elisabet schrieb fast 40 Romane und Erzählbände, von denen einundhalb Millionen Exemplare gedruckt wurden und die von ihrem tiefen christlichen Glauben getragen sind. Darüber hinaus verfasste sie theologische Schriften und geistliche Lieder. Im Evangelischen Gesangbuch für Rheinland und Westfalen, Ausgabe 1930, steht beispielsweise ihr Lied *Sonne glänzt auf deinen Fluren*. [B][W][R][A]

Rapsch, Ute

Ute Rapsch, geb. Berthold (* 28. November 1962 in Wuppertal) ist eine evangelische Lieddichterin, die in der Lebensberatung tätig ist und sich in der Frauenarbeit und im Familienbereich des *Christlichen Vereins junger Menschen in Bayern* engagiert. Sie erlernte nach dem Besuch der Fachoberschule den Beruf eines Industriekaufmanns und durchlief eine

Ausbildung zum Individualpsychologischen Lebensberater, *Systemischen Coach*, zur Kess-Elterntrainerin und *Familienrattrainerin nach Dreikurs*. Sie lebt mit ihrem Mann in Fürth, hat sechs erwachsene Kinder und sechs Enkel. Sie hat bis heute etwa 250 Lieder geschrieben; ihre Bücher erscheinen u. a. im Neukirchener Verlag. [R] [A]

Reichenbacher, Stefan

Stefan Reichenbacher (* 1965 in Würzburg) ist ein bayrischer evangelisch-lutherischer Pfarrer und Kirchenmusiker. Er wurde als Sohn des Pfarrers Ulrich Reichenbacher und seiner Frau, der Schul- und Kirchenmusikerin Irmgard, geb. Schaller, geboren. Er wuchs in Lindau am Bodensee auf und legte dort am Bodenseegymnasium das Abitur ab. Nebenher studierte er bereits als Schüler am Landeskonservatorium in Bregenz als außerordentlicher Student Querflöte. Nach dem 20-monatigen Zivildienst in einer Behindertenwerkstatt im Westallgäu studierte er im Zeitraum zwischen 1986 und 1993 Evangelische Theologie und Kirchenmusik in Erlangen. Bis 1996 absolvierte er das Vikariat an der Kirche St. Moriz in Coburg und wurde dann als Pfarrer z. A. nach Unterlauter in Coburg berufen. Seit dem Jahr 2001 ist Reichenbacher Pfarrer in Reutti im Dekanat Neu-Ulm. Er leitet dort seit vielen Jahren auch den Kirchenchor und den Gospelchor der Gemeinde und hat die kirchliche C-Prüfung für Chorleiter abgelegt. Seit 1987 ist er mit Sigrid Nawratil verheiratet und hat mit ihr drei erwachsene Kinder. Für seine Chöre verfasst er eigene Lieder, für die er auch die Melodien schreibt und einrichtet. [R] [A]

Reinhart, Henrich

Henrich Reinhart war ein deutscher Pädagoge des 17. oder frühen 18. Jahrhunderts, der in Erfurt im Erfurter Staat (Kurfürstentum Mainz), heute Thüringen, eine Schule als Konrektor leitete. Er verfasste u. a. anlässlich einer Sonnenfinsternis, wahrscheinlich der am 22./23. Mai 1724, ein Bußlied mit dem Titel *Buße, Buße ist vonnöten*. Im Verzeichnis der *Schuldiener der evangelischen Kirchen Erfurts*, das Lehrer, Kantoren und Organisten in allen acht evangelischen Gemeinden der Stadt für die gesamte Frühe Neuzeit auflistet, ist Reinhart nicht nachzuweisen. Das o. a. Lied *Buße, Buße ist vonnöten* ist bislang auch noch in keinem Erfurter Gesangbuch gefunden worden. [R]

Reintgen, Frank

Frank Reintgen (* 1966 in Köln) ist ein römisch-katholischer Religions-Pädagoge, Herausgeber und Autor moderner geistlicher Lieder. Er wurde als Sohn des Metzgermeisters Robert Reintgen und der Fleischerfachverkäuferin Erika Reintgen geboren und besuchte im Zeitraum zwischen 1976 und 1986 das Montessori-Gymnasium in Köln. Anschließend leistete er den Zivildienst im Pflegebereich des Altenheims St. Heribert in Köln und studierte dann im Zeitraum von 1988 bis 1992 Praktischen Theologie an der Katholischen Fachhochschule Mainz. Er schloss das Studium mit dem Titel eines Diplom-Religionspädagogen ab und arbeitete zwischen 1992 und 2012 als Gemeindeassistent in Bergisch-Gladbach, Wesseling und Köln. Zwischen 2006 und 2008 absolvierte er eine Zusatzausbildung als kirchlicher Organisationsberater. Von 2012 bis 2018 war er Referent für Pastoral- und Gemeindeentwicklung im Erzbischöflichen Generalvikariat Köln ist. Seit 2018 arbeitet er als

Referent in der Diözesanstelle für den Pastoralen Zukunftsweg. Darüber hinaus ist er seit 2012 Mitherausgeber und Redaktionsmitglied der Online-Zeitschrift *futur2*. Er gab bisher mehrere religionspädagogische Arbeitshilfen für Kirchengemeinden heraus und verfasste diverse Fachbeiträge zum Thema der kirchlichen Organisationsentwicklung. Seine etwa 50 vertonten ebensoviele unvertonten Liedtexte erschienen in diversen Publikation und auf Tonträgern. Zu etwa 20 Liedern hat Reintgen auch die Melodie komponiert. Er steuerte den Text zu dem Musical *Bilder einer ewig neuen Welt* das 1998 zum 900. Geburtstag von Hildegard von Bingen in Bingen uraufgeführt wurde. Reintgen ist verheiratet und hat zwei Kinder. [R] [A]

Remmers, Erich

Erich Remmers (* 1949 in Glauberg/Wetterau in Oberhessen) ist ein evangelisch-freikirchlicher Pfarrer und Autor moderner geistlicher Lieder. Er studierte Pädagogik in Gießen und Theologie am Bibelseminar Wuppertal. Von 1970 bis 2012 war Remmers als Pastor der Evangelischen Gesellschaft für Deutschland in Boppard, Trier, Idar-Oberstein und Bad Kreuznach tätig. Er lebt mit seiner Frau Gudrun, mit der er seit 1971 verheiratet ist, in Mörschbach im Hunsrück; das Paar hat drei erwachsene Kinder. Remmers war langjähriger Mitarbeiter der Zeitschriften *Licht und Leben* und *Der Feste Grund* und hat bisher über 250 Gedichte und Liedtexte verfasst, die im Gemeindegesang, Oratorien, christlichen Kalendern und verschiedenen Musikproduktionen Verwendung fanden. Seine geistlichen Lieder stehen in vielen zeitgenössischen Liedersammlungen und in zwei eigenen Buchausgaben. [R] [A]

Rhein, Matthias

Matthias Rhein (* 1968 in Lörrach/Baden) ist ein deutscher Lieddichter, Sänger und Unternehmer evangelisch-freikirchlichen Bekenntnisses. Rhein legte im Jahr 1988 das Abitur im Kant-Gymnasium in Weil am Rhein ab und erlernte anschließend die Krankenpflege und war Pflegedienstleiter. Seit dem Jahr 2007 ist er selbständiger Unternehmer mit einem ambulanten Pflegedienst. Rhein ist geschieden, hat zwei erwachsene Söhne und wohnt in Binzens. Im Gesangbuch *Feiern und Loben*, das vom Bund Freier evangelischer Gemeinden und dem Bund Evangelisch-Freikirchlicher Gemeinden im Jahr 2003 herausgegeben wurde, steht das von Matthias Rhein im Jahr 2001 verfasste Lied *Heilig, heilig, heilig bist Du*, zu dem er auch die Melodie komponiert hat. Darüber hinaus hat er eine Anzahl weiterer moderner geistlicher Lieder geschrieben, die Aufnahme den im Jahr 2001 erschienenen zweiten Band des Liederbuchs *Feiert Jesus* gefunden haben. [R] [A]

Roloff, Michael

Michael Roloff (* Mai 1684 in Oschersleben/Königreich Preußen; † 29. Januar 1748 in Berlin) war ein deutscher evangelisch-lutherischer Pfarrer und Gesangbuchherausgeber. Er wurde als Sohn des Feldscherers und Chirurgen Ulrich Roloff und seiner Frau Gertrud Elisabeth, geb. Ladius, geboren und studierte ab dem Jahr 1710 in Halle/Saale Theologie. Anschließend fand er eine Anstellung als Feldprediger im Infanterie-Regiment *Kronprinz* in Potsdam und wurde im Jahr 1712 Probst von Mittenwalde (Kreis Zossen). Im Jahr 1714 wurde er als Zweiter Pfarrer der Gemeinden von Friedrichswerder und Dorotheenstadt nach Berlin berufen. Er stieg im Jahr 1717 zum Ersten Pfarrer in Friedrichswerder auf und wurde im Jahr 1719 zum Konsistorialrat ernannt. Als Probst stand er ab dem Jahr 1733 der Nikolaikirche in Berlin vor und wurde im Jahr 1747 pensioniert. Darüber hinaus stand er als Inspektor den Berliner Gymnasien vor. Roloff war mit Christiane Elisabeth, geb. Kormeß, verheiratet. Neben gedruckten Predigten und theologischen Abhandlungen verantwortete er die Herausgabe mehrerer Gesangbücher für die Städte Potsdam und Berlin. [R]

Roos, Johannes

Johannes Roos (* 11. März 1879 in Neukirch/Westerwald; † 30. Juni 1968 in Bad Liebenzell) war ein deutscher evangelischer Pfarrer, Schriftsteller und Autor bzw. Übersetzer geistlicher Lieder. Roos stand der Liebenzeller Mission nahe und verfasste Erbauungsbücher und geistliche Lyrik. Sein erster Band mit geistlichen Liedern erschien in Jahr 1921 in der Buchhandlung des Oberrheinischen Gemeinschaftsvereins in Leipzig unter dem Titel *Mein König. Neue Gedichte nach alten Melodien*. Im Liederbuch des Deutschen Verbandes der *Jugendbünde für entschiedenes Christentum* (EC), das im Jahr 1954 in Kassel unter dem Titel *Jugendbund-Lieder* erschienen ist, steht ein Lied von Roos. Es heißt *Ich habe einen herrlichen König*. [B][R]

Rossel, Hermann

Hermann Rossel (* 1820 in Aachen; † 1846) war ein deutscher evangelischer Theologe und Schriftsteller. Er wurde als Sohn des aus Born in Nassau stammenden Gymnasiallehrers Johann Philipp Rossel (1791-1831) geboren und studierte bei August Johann Wilhelm Neander (1789-1850) an der Humboldt-Universität in Berlin Theologie. Neander gab Rossels Werk, das aus theologischen Aufsätzen und Gedichten besteht, postum heraus. In der

dritten Auflage der Liedsammlung *Der Mensch und die Ewigkeit,* die im Jahr 1859 in Leipzig erschienen ist, steht Rossels Abendlied *Des Tags verworrenes Getümmel*. [R]

Rößler, Martin

Martin Rößler (* 28. März 1934 in Pforzheim) ist ein deutscher evangelisch-lutherischer Pfarrer, Kirchenmusiker, Hymnologe und Hochschullehrer. Nach dem Abitur studierte er von 1953 bis 1956 Musik an der Kirchenmusikschule in Esslingen/Neckar und im Zeitraum zwischen 1957 und 1961 evangelische Theologie an den Universitäten Tübingen, Göttingen und Heidelberg. Nach seiner Vikarszeit war er zwischen 1966 und 1973 Musikdirektor am Evangelischen Stift in Tübingen und Organist an der dortigen Stiftskirche. Er verband Musik und Theologie zu seiner wissenschaftlichen Lebensarbeit; die im Jahr 1970 vorgelegte theologische Promotion behandelte das Thema *Die Liedpredigt - Geschichte einer Predigtgattung*, die 1980 entstandene Habilitation das Thema *Da Christus geboren war - Texte, Typen und Themen des deutschen Weihnachtsliedes*, und er lehrte an der Theologischen Fakultät der Universität Tübingen als außerplanmäßiger Professor die Fächer Hymnologie, Liturgik und Kirchenmusik. Gleichzeitig war er zwischen 1974 und 1982 Gemeindepfarrer in Tübingen-Hagelloch und anschließend bis 1990 in Reutlingen-Bronnweiler. Rößler war im Jahr 1979 Mitglied der Gesangbuchkommission der EKD, vertrat dort die Evangelische Landeskirche in Württemberg und betreute sowohl das Evangelische Gesangbuch (EG) von 1993 als auch den württembergischen Regionalteil von 1996. Ein Schwerpunkt seiner Beiträge bildete der von ihm verantwortete Gesangbuchteil der Liederkunde und umfasste hymnologische Angaben zu den einzelnen Liedern,

Liedgeschichte im Überblick, Kurzbiographien und Gesangbuch-Geschichte in Württemberg. Darüber hinaus steuerte er einen Kanon, ein Ostinato und eine Textübersetzung zu dem genannten Gesangbuch bei. In seinen Liedpredigten, die z. B. im Buch *Psalter und Harfe, wacht auf* im Calwer Verlag Stuttgart veröffentlicht wurden, legt er die geschichtlichen und geistlichen Aussagen einzelner Kirchenlieder der gottesdienstlichen Gemeinde aus. Darüber hinaus erforschte er die Gesangbuch-Geschichte von der Reformation bis zum Neuen geistlichen Lied der Gegenwart, veröffentlichte u. a. den Artikel *Gesangbuch* in der Enzyklopädie *Die Musik in Geschichte und Gegenwart*, 2. Auflage, sowie das hymnologische Standardwerk *Liedermacher im Gesangbuch - Liedgeschichte in Lebensbildern*, das im Jahr 2001 und in 2. Auflage 2019 im Calwer Verlag Stuttgart verlegt worden ist. Eigene poetische Texte, vom Komponisten Manfred Schlenker (*1926) vertont, erschienen im Jahr 2006 zusammen mit Abbildungen der Glasbilder seiner Ehefrau Brigitte Rößler in dem Buch *Botschaft auf Buntglas - 24 Lieder in Fensterbildern* im Strube-Verlag München. Martin Rößler war mit der letztgenannten Künstlerin und Sopranistin Brigitte Rößler, geb. Zimmermann (1934-2020), verheiratet, lebt in Reutlingen-Bronnweiler und hat zwei erwachsene Söhne. [B][W][R][A]

Rothacker, Friedrich

Friedrich Rothacker war ein deutscher evangelisch-lutherischer Bauer, der in Schwieberdingen lebte und als Schriftsteller hervortrat. Seine Gedichtsammlung 'Hinter dem Pflug' erschien 1931 im Selbstverlag und enthält geistliche und weltliche Lyrik, die auch seine Teilnahme am Ersten Weltkrieg thematisiert und die in der Tradition des alt-württembergischen Pietismus steht. Ein Lied nimmt Bezug auf einen 1920 erschienenen Erziehungsroman des Autors, der den Titel *Franz* trägt. Seine Konfession verrät das geistliche Lied mit dem Titel *Wohl weithin über allen Zonen*, in welchem er den Papst als den Widersachen Jesu Christi bezeichnet und letzterem das allein Recht zuspricht, die Kirche zu führen, weil er der einzig wahre Hirte seiner Schafe ist. Sein Hochzeitslied *Vater, sei in dieser Stunde* lässt der Autor darüber hinaus mit dem Liedtitel Martin Luthers *Ein feste Burg ist unser Gott!* enden. Im Hauptstaatsarchiv Stuttgart ist eine Akte zu einem Friedrich Rothacker vorhanden, der am 26. Juni 1885 in Schwieberdingen im Königreich Württemberg geboren wurde. Der Akte ist zu entnehmen, dass dieser Friedrich Rothacker noch im Jahr 1938 gelebt haben muss. Hierbei könnte es sich um den Autor handeln, weil sowohl der Name als auch der Geburts- bzw. Verlagsort übereinstimmen. [R]

Rothaupt, Verena

Verena Rothaupt (* 16. Juni 1957 in Schwenningen) ist eine deutsche Kirchenmusikerin, Chorleiterin, Referentin, Autorin und Komponistin moderner geistlicher Lieder. Sie ist die Tochter des Politikers und Schriftstellers Erhard Eppler (1926-2019) und seiner Frau Irene Eppler. Sie ist lutherischen Bekenntnisses, legte das Abitur in Heilbronn ab und studierte Kirchenmusik in Esslingen und Trossingen, sowie berufsbegleitend Popularmusik in Trossingen. Sie schloss das Kirchenmusikstudium mit Diplom ab und belegte darüber hinaus Ward-Kurse an der Landesakademie Heek in Nordrhein-Westfalen. Seit 1997 ist Verena Rothaupt Kirchenmusikerin in Lorch im Ostalbkreis in Baden-Württemberg. Sie leitet die Lorcher Kantorei, die Kinder- und Jugendkantorei, gestaltet Gottesdienste und gibt Konzerte. Seit dem Schuljahr 2014/15 unterrichtet sie mit der *Ward-Methode* Musik an der Grundschule Stauferschule Lorch, gibt ihr Fachwissen als Referentin in Fortbildungen an Erzieher und Lehrer weiter. Regelmäßig betreut sie die evangelischen Kindertagesstätten musikalisch. Zusammen mit ihrem Vater hat sie im Jahr 2015 ein Luthermusical verfasst. Ihre Lieder und Singspiele für Kinder und Erwachsene fanden Aufnahme in das Gesangbuch für die Jugend *Kommt und singt*, das 2015 in erweiterter Ausgabe in Gütersloh verlegt wurde, in das *Kinderchorbuch 2 - Neue Lieder für Gott und die Welt*, das im Jahr 2020 in Freiburg herausgekommen ist, und in das 2018 verlegte Gesangbuch *Wo wir dich Loben II*. Rothaupt veröffentlicht ihre Werke im Carus-Verlag und im Stube-Verlag. Für ihre Leistungen wurde sie im April 2018 zur Kirchenmusikdirektorin der Evangelischen Kirche Württemberg ernannt. Verena Rothaupt ist verheiratet mit dem Kirchenmusiker Klaus Rothaupt und hat drei Kinder. [R] [A]

Ruopp, Johann Friedrich

Johann Friedrich Ruopp (* Februar 1672 in Straßburg/Elsass; † 26. Mai 1708 in Halle/Saale) war ein deutscher evangelisch-lutherischer Pfarrer und Lieddichter. Ruopp wurde als Sohn des Schuhmachers Daniel Ruopp und seiner Frau Katharina, geb. Reinthaler, geboren und am 1. März 1672 im Straßburger Münster getauft. Er studierte Theologie an der Universität in Jena, wo er sich dem Pietismus zuwandte. Nach dem Studium wurde er Vikar in Lampertheim, später Pfarrer in Fürdenheim und Goxweiler im Elsass. Dort gab er zusammen mit Johann Friedrich Haug (1680-1753) heimlich das Liederbuch *Jesuslieder* heraus, das lange als verschollen galt, im Jahr 2019 aber in der Bibliothek der Franckeschen Stiftungen aufgefunden werden konnte. Im Jahr 1705 wurde Ruopp wegen seiner pietistischen Gesinnung der Sektiererei beschuldigt und aus Goxweiler vertrieben. Schließlich wirkte er am Franckeschen Waisenhaus in Halle, unter anderem als Inspektor für arme Studenten und als Adjunkt der Theologischen Fakultät. Er ist der Nachwelt vor allem durch sein Glaubenslied *Erneure mich, o ewigs Licht* in Erinnerung, das auch im Evangelischen Gesangbuch (EG) aus dem Jahr 1993 steht. Ein Teil seiner Lieder sind auch in das Freylinghausensche Gesangbuch von 1704 aufgenommen worden. Im Halleschen Gesangbuch aus dem Jahr 1704 finden sich sieben Lieder von Ruopp. [K][B][W][R]

Ruwe, Franz-Josef

Franz-Josef Ruwe (* 8. Juli 1952 in Münster/Nordrhein-Westfalen) ist ein deutscher Pädagoge und Verfasser moderner geistlicher Lieder. Er ist römisch-katholischer Konfession, wurde als Sohn des Steuerbevollmächtigten Felix Ruwe und Elisabeth Ruwe geboren, besuchte ab dem Jahr 1959 die Überwasser-Volksschule in Münster und ab 1962 die Volksschule in Münster-Mecklenbeck. Hieran schlossen sich ab 1963 die Erich-Klausener-Realschule und ab 1969 der gymnasiale Zweig der Höheren Handelslehranstalten, beide in Münster, an. Dort legte Ruwe im Jahr 1972 das Abitur ab und leistete anschließend den Wehrdienst in Hamburg. Im Sommersemester 1973 nahm er ein Studium der Anglistik/Amerikanistik und Sozialwissenschaften an der Ruhr-Universität in Bochum auf und wechselte ein Semester später an die Westfälische Wilhelms-Universität in Münster, wo er im Mai 1978 das 1. Staatsexamen ablegte. Nach dem anschließenden Referendariat wurde Ruwe in den Schuldienst am Kardinal-von-Galen-Gymnasium in Münster-Hiltrup übernommen, wo er bis zu seiner Pensionierung im Jahr 2018 lehrte. Ruwe ist verheiratet und hat drei Kinder. Er verfasste zahlreiche moderne geistliche Lieder und schrieb die Texte für das Rock-Historical *Monasteria*, das anlässlich des münsterschen Stadtjubiläums 1993 entstand. Seine *Maria-Ward Revue* entstand zwei Jahre später. [R] [A]

Sauer, Marie

Marie Emilie Luise Sauer, geb. Baumgarte (* 28. September 1871 in Hannover, † 13. Mai 1958 in Wiesbaden) war eine deutsche Schriftstellerin und Kinderbuchautorin. Marie Sauer wurde als Tochter von Friedrich Baumgarte aus Osnabrück geboren und heiratete 1891 den Reichsbankvorstand Franz Lucas Sauer (* 26. April 1845 in Nordheim am Main, † 23. Mai 1930 in Wiesbaden), mit dem sie ab 1905 in Wiesbaden in der Lanzstraße 12 wohnte. Marie Sauer war evangelischen Bekenntnisses und fand auf dem Nordfriedhof ihre letzte Ruhestätte. Sie gab mehrere Sammlungen eigener Gedichte heraus, so 1914 *Aus heiliger Zeit*, 1924 am Verlagsort Barmen *Das heilige Tor* und *Die da Sehnsucht tragen*. Darüber hinaus verfasste sie auch Kinderbücher. Der Verlag E. Biermann in Barmen vertrieb einige geistliche Lieder der Autorin auch in Postkartenform. Ihr Nachlass wird vom Archiv der Landeshauptstadt Wiesbaden verwaltet und enthält Korrespondenz und unveröffentlichte Gedichte. [B][R]

Schaefer, Max

Max Schaefer (* 20. März 1906 in Düsseldorf; † 18. Februar 1982 in Solingen) war ein katholischer Priester und Lieddichter. Schaefer studierte in Tübingen Theologie und war Dechant und späterer Ehrendomherr. Er veröffentlichte um 1972 im Privatverlag eine Sammlung von 50 Gedichten, deren Themen er den alttestamentlichen Psalmen entnommen hat. Das Buch trägt den Titel *GOTT - 50 Lieder, den Psalmen nachgedichtet* und besitzt kein Impressum. Es war höchstwahrscheinlich nicht für den Vertrieb bestimmt und wurde von Max Schaefer als Geschenk verteilt. Ein Exemplar gelangte auf diese Weise in das Stadtarchiv Solingen. [R]

Schaible, Wilhelmine Brigitta

Wilhelmine Brigitta Schaible (* 27. März 1878 in Tuningen im Königreich Württemberg, † 12. Juni 1950 in Trossingen) war eine deutsche evangelische Lieddichterin. Sie wurde als Tochter des Schäfereibesitzers und Gemeinderats Johann Jacob Schaible und Anna Barbara, geb. Hauser, geboren und am 31. März 1787 in der Kirche ihrer Geburtsstadt getauft, wo sie im Jahr 1892 auch konfirmiert wurde. Sie blieb zeitlebens unverheiratet und lebte mit ihren Schwestern zusammen. Sie starb im Krankenhaus von Trossingen. Sie verfasste geistliche Lieder und Gebete, die zuerst im örtlichen *Blau-Kreuz-Verein* gesungen wurden und später ihrem Weg in die Gesangbücher ev. Freikirchen fanden. Vier Lieder von ihr stehen beispielsweise in einer Ausgabe des Gesangbuchs der Deutschen Zeltmission, den sog. *Siegesliedern*, das im Jahr 1911 in Geisweid in Westfalen erschienen ist. [R]

Schäl, Marion

Marion Schäl, geborene Dunger (* 1955 in Erlbach/Vogtland) ist eine deutsche Schriftstellerin, die nahezu 400 Lieder verfasst hat. Sie wurde als Tochter des Zupfinstrumentenmachermeisters Theodor Dunger (1927–2018) und der Bankkauffrau Gisela Dunger (1926–2015) geboren, ist ev.-freikirchlicher Konfession, wuchs in der DDR auf und ging im Zeitraum zwischen 1962 und 1972 an die Allgemeinbildende Polytechnische Oberschule Erlbach, ließ sich danach zur Kinderkrankenschwester ausbilden und besuchte die Bibelschule Burgstädt. Sie arbeitete in dem erlernten Beruf, war Kindermissionarin im Reisedienst und leistet seit ca. 40 Jahren ehrenamtliche Tätigkeit in Chor- und Instrumentalgruppen der Ev.-luth. Kirchgemeinde in Falkenstein. Darüber hinaus unterrichtet sie als Instrumentalpädagogin an der Musikschule Rodewisch die Fächer Flöte und Klavier. Sie veröffentlichte bisher zusammen mit ihrem Mann zahlreiche Lieder für Kinder und Jugendliche, sowie moderne geistliche Lieder für Lobpreis- und Chormusik, die zum großen Teil auf Tonträger im Gerth-Verlag in Aßlar erschienen sind. Zudem verfasste sie Libretti für große geistliche Musicals für Erwachsene und Kinder, die auf CD und DVD erhältlich sind. Sie lebt in Falkenstein/Vogtland und ist verheiratet mit dem Komponisten Gilbrecht Schäl (geb. 1957), der die Melodien, Chorsätze und Instrumentalbegleitungen zu ihren Liedern schreibt. Sie hat vier inzwischen erwachsene Kinder. [R] [A]

Schenk, Ernst Karl Friedrich

Ernst Karl Friedrich Schenk war ein deutscher promovierter evangelischer Pfarrer, der von 1826 bis 1833 der Gemeinde in Buttenheim in Franken diente, um anschließend nach Oberlauringen zu wechseln. Er war der erste Pfarrer der Kirchengemeinde von Buttenheim, die im Jahr 1825 aus einer Schlosspfarrei hervorging, deren Anfänge wiederum bis ins 16. Jahrhundert zurückreichen. Mit damals 69 Gemeindemitgliedern war sie eine der kleinsten evangelischen Gemeinden im Königreich Bayern. Er veröffentlichte im Jahr 1826 am Verlagsort Passau ein *Andachtsbuch für wahre Bekenner Christi*, das eigene geistliche Lieder enthält. Im Jahr 1831 erschien die von ihm verfasste Sammlung *Christliche Psalmblumen* in Regensburg. Seine Veröffentlichungen werden zum Teil fälschlich unter dem Autorennamen *Eduard von Schenk* oder *E.C.F. von Schenk* von geführt, welcher ein preußischer Beamter war und von 1788 bis 1841 lebte. [R]

Schmitz-Jeromin, Ilona

Ilona Schmitz-Jeromin, geb. Schmitz (* 1957 in Mettmann) ist eine deutsche evangelische Pfarrerin und Autorin moderner geistlicher Lieder. Sie wurde als Tochter des Bundesbahnbeamten Wilhelm Schmitz und der Hausfrau Anneliese Schmitz geboren und besuchte die Volksschule Wuppertal-Vohwinkel und das Florian-Geyer-Gymnasium in Wuppertal-Sonnborn. Hieran schloss sich ein Studium der Theologie in Bochum, Wuppertal und Göttingen an. Nach dem zweiten theologischen Examen und dem Vikariat in Oberhausen-Holten trat sie im Jahr 1984 in den Pfarrdienst der Ev. Christuskirche Alt- Oberhausen ein. Sie hat drei Töchter, eine Enkeltochter und ist seit 2016 verwitwet. Schmitz-Jeromins Lieder, die von verschiedenen Musikern vertont wurden, sind im Strube-Verlag erschienen; einige Lieder wurden auch in Kirchentagsliederbücher aufgenommen. Darüber hinaus hat sie die Texte für die beiden Kindermusicals *Gerempel im Tempel* und *Bethlehem war unbequem* geschrieben. [R] [A]

Schmock, Wolfgang

Wolfgang Schmock (* 12. August 1952 in Reinerzau/Freudenstadt im Schwarzwald) ist ein deutscher Pädagoge und Hochschullehrer sowie Autor und Komponist moderner geistlicher Lieder für Erwachsene und Kinder. Er wurde als Sohn des evangelisch-lutherischen Pfarrers Gerhard Schmock und der kaufmännischen Angestellten Ruth Schmock, geb. Gänger, geboren und besuchte ab dem Jahr

1958 die Volksschule in Reinerzau, von wo er 1963 in das Bildungsinstitut *Pfarrwaisenhaus* in Windsbach wechselte und wo er Mitglied des Windsbacher Knabenchors wurde. Er legte im Jahr 1972 das Abitur in Windsbach ab und leistete den Zivildienst bei der Johanniter-Unfallhilfe in Würzburg. Anschließend studierte er das Lehramt für Volksschulen und legte im Jahr 1976 die Erste Lehramtsprüfung an der Erziehungswissenschaftlichen Fakultät in Würzburg ab; 1979 folgte nach dem Referendariat die Zweite Lehramtsprüfung an der Hauptschule Röttingen. Zwei Jahre später wurde Schmock zum Beamten auf Lebenszeit und im Jahr 1985 zum Konrektor an der Hauptschule in Röttingen ernannt. Im Jahr 1993 gründete er die Konzertreihe *Trinitatiskonzerte* und organisierte in einem Zeitraum von 25 Jahren mehr als 600 Konzerte, die zum Teil auf Tonträger veröffentlicht wurden. Im Jahr 1994 wurde er für das Fach Musik als Mitglied in die Lehrplankommission des ISB (Staatsinstituts für Schulqualität und Bildungsforschung München) berufen. Im Rahmen dieser Tätigkeit referierte Schmock ab 1996 für den Fachbereich Musik in Bayern und Thüringen und verfasste zusammen mit weiteren Autoren das fünfbändige Schulbuch *Musikland Bayern* für den Hauptschulunterricht. Im Jahr 2002 übernahm Schmock als Rektor die Leitung der Grundschule in Röttingen. Im Jahr 2004 wurde er Mitglied der Arbeitsgruppe *Suchtprävention* am ISB in München; er unterrichtete ab 2010 mit einem Lehrauftrag an der Universität Würzburg. In der Zeit von 1994 bis 2006 war er als Vertrauensmann im Kirchenvorstand der Trinitatisgemeinde in Würzburg-Rottenbauer tätig und leitete über mehrere Jahre einen Familiengottesdienstkreis. Zur Leitung der Grundschule in Röttingen kam im Jahr 2013 die dortige Mittelschule hinzu. Im Jahr 2018 trat Schmock in den Ruhestand ein. In das Jahr 2019 fiel die Gründung des 50-köpfigen gemischten Chores *Mundwerk Rottenbauer*, den Schmock leitet. Er verfasste zahlreiche Fachartikel; zudem ist er Autor von mehr als 2000 Arbeitsblättern für den Schulbetrieb, die im Domino-Verlag verlegt wurden. Darüber hinaus hielt Schmock Vorträge, u. a. für das Gesundheitsamt Würzburg und das Landratsamt Würzburg zu schulspezifischen Themen. Er schrieb und komponierte Kinderlieder und -geschichten, die in mehreren Büchern und Zeitschriften erschienen sind, sowie das Kindermusical *Hanno malt sich einen Drachen*. Schmock ist verheiratet und hat zwei Kinder. [R] [A]

Schnitter, Gerhard

Gerhard Schnitter (* 30. Oktober 1939 in Obercunnersdorf/Freistaat Sachsen) ist Musiker, Chorleiter und Musikproduzent. Seine Eltern, der evangelische Kirchenmusiker Ernst und die Schneidermeisterin Emma Schnitter, leiteten in seinem Geburtsort ein Heim für Obdachlose. Nach Schulbesuch und Lehre legte er mit 17 Jahren die Facharbeiterprüfung als Tischler ab. Im Jahr 1957 begann er in Herford mit dem Studium der Kirchenmusik und wechselte ein Jahr später zum Klavierstudium an die staatliche Hochschule für Musik nach Stuttgart, wo er später neben seiner Tätigkeit als Lehrer an der dortigen Musikschule auch unterrichtete. Darüber hinaus wirkte er als Chorleiter im Diakonissen-Mutterhaus Aidlingen (Württ.). Von 1980 bis 1995 leitete er die Musikabteilung des Evangeliums-Rundfunks in Wetzlar (ERF-Medien) und war dabei verantwortlich für zahlreiche Tonaufnahmen von klassischer Kirchenmusik bis hin zu geistlicher Popularmusik. Seine Konzertreisen u. a. mit dem ERF-Studiochor und der ERF-Big Band führten ins In- und Ausland. Von 1995 bis 2006 war er als Musiklektor und Produzent beim Hänssler-Verlag angestellt. Dort produzierte er zahlreiche CDs in unterschiedlichen Stilrichtungen und Besetzungen mit fremden und eigenen Werken. Danach war er bis 2008 Chorleiter und Dozent einer Mennonitengemeinde in Asunción in Paraguay. Neben modernen Gemeindeliedern schrieb er Musicals, zwei Weihnachtsoratorien und Vertonungen zu den Jahreslosungen. Sie wurden in unterschiedlichen Liedersammlungen und -büchern veröffentlicht. Zu 42 Liedern im Gesangbuch *Feiern und Loben*, das vom Bund Freier evangelischer Gemeinden und dem Bund Evangelisch-Freikirchlicher Gemeinden im Jahr 2003 herausgegeben wurde, schuf Schnitter Text, Melodie, Chor- oder Begleitsätze. - Seit 1972 ist er verheiratet mit Elisabeth, geb. Herterich. Die beiden haben vier Kinder. [W][R][A]

Schott, Bernhard

Bernhard Max Artur Christoph Schott (* 3. August 1903 in Guhrau-Geischen/Schlesien; † 12. Juni 1988 in Göttingen) war ein deutscher evangelisch-lutherischer Pfarrer und Schriftsteller. Er wurde als Sohn des Pfarrers und späteren Superintendenten Max Schott und Johanna von Schlieben geboren, besuchte das Gymnasium in Liegnitz und studierte an den Hochschulen von Dorpat, Breslau und Tübingen Theologie. Anschließend war er Pfarrer in Geischen/Schlesien, Oppeln/Oberschlesien, der Kirchengemeinde von St. Jacob bei Leutenberg im Kreis Saalfeld in Thüringen und in Magdeburg, wo er den Neubau einer Kirche für die fünf im Krieg zerstörten Innenstadtkirchen leitet. Er verbrachte seinen Lebensabend in Göttingen. Er war verheiratet mit Elisabeth Martha Klara, geb. von Bethe (1906-1982) und hatte mit ihr sechs Kinder darunter

den Pfarrer, Kirchenhistoriker und Schriftsteller Christian-Erdmann Schott (1932-2016) und die Schriftstellerin Agathe Gräfin von Wedel. Er verstarb als Witwer und fand seine letzte Ruhestätte auf dem Friedhof Göttingen-Junkerberg. Seine etwa 80 Lieder sind anlässlich seines 85. Geburtstages im Eigenverlag erschienen. Einige seiner Lieder wurden von den Kirchenmusikern Gottfried Neubert, Johannes Petzold, Manfred Schlenker und Dieter Wellmann vertont. Im Gesangbuch des Bundes Evangelisch-Freikirchlicher Gemeinden in der DDR, das 1980 in Berlin unter dem Titel *Gemeindelieder* veröffentlicht wurde, steht ein Lied von Schott. Ein Abendlied von ihm steht im fünften Band der von Otto Riecker herausgegebenen Liedsammlung *Jesu Name nie verklinget*, die im Jahr 1986 in Neuhausen erschienen ist. [R]

Schultz, Georg Friedrich Wilhelm

Georg Friedrich Wilhelm Schultz (* 3. August 1774 in Speyer/Königreich Bayern, 13. Februar 1842 ebenda) war ein deutscher evangelisch-lutherischer Pfarrer, Lehrer, Herausgeber und Lieddichter. Er wurde als Sohn des Pfarrers Johann Georg Schultz (1734-1802) und seiner Frau Eva Maria (* 1746), einer Tochter des Pfarrers Johann Friedrich Schüßler aus Speyer, geboren. Er besuchte das Gymnasium in Speyer und studierte anschließend ab 1791 in Tübingen Theologie, worauf er eine Zeit als Hauslehrer in Lausanne und ab 1798 in Frankfurt/Main arbeitete. Nachdem er seine Vikariatszeit in Frankfurt/Main und in Friedberg in der Wetterau absolviert hatte, wurde er im Jahr 1801 als Garnisonsprediger und Pfarrer an die evangelische Gemeinde nach Triest berufen, von wo er zehn Jahre später in seine Heimat zurückkehrte, als er die Stelle eines Pfarrers in Bergzabern übernahm. Bereits 1813 wechselte er nach Landau und schon zwei Jahre später kehrte er als Amtsnachfolger seines Vaters an die Dreifaltigkeitskirche nach Speyer zurück. Er wurde im Jahr 1816 zum Kirchenrat ernannt und befürwortete die Kirchenunion zwischen Lutheraner und reformierten Christen, die im Jahr von 1818 umgesetzt wurde. Er gehörte um das Jahr 1821 dem protestantischen Konsistorium der Pfalz an und war zwischen 1819 und 1834 Mitglied der II. Kammer der Landstände in München. Im Jahr 1820 verlieh ihm die Universität Erlangen die Ehrendoktorwürde. Schultz war darüber hinaus verantwortlich für Herausgabe des neuen Uniongesangbuchs der Pfalz von 1821, für das er zwölf eigene Lieder beisteuerte, welche überwiegend - dem Zeitgeist geschuldet - einen moralisierenden und belehrenden Ton anschlagen. [R]

Schwarzien, Otto

Otto Schwarzien (* 15. Dezember 1879 in Antbudupoenen im Kreis Pillkallen/Ostpreußen, † 26. November 1956 in Eschwege) war ein deutscher Lehrer, Schriftsteller und Heimatforscher. Schwarzien wirkte von 1906 bis zu seiner Vertreibung aus Ostpreußen fast 40 Jahre als Lehrer in Kerkutwethen, Kreis Pogegen. Ab 1945 lebte er in Wehretal/Hessen. Seine regionalhistorischen Forschungen betrafen vor allem das Memelgebiet; er sammelte darüber hinaus Geschichten, Sagen, Märchen, Rätsel und Sprichwörter. Seine historischen Forschungen veröffentlichte er u.a. im *Grenzgarten*, einer heimatkundlichen Beilage der Zeitschrift *Memeler Dampfboot*, sowie in Büchern, die er im Eigenverlag herausgab. Im Jahr 1927 erschien beispielsweise *Bilder aus der Vergangenheit des Kirchspiels Willkischen*, das in der Buchdruckerei *Lituania* in Tilsit gedruckt wurde. Eine Sammlung memelländischer Sagen, Märchen und Schwänke wurden im Jahr 1925 aufgelegt. In den Jahren

1922 und 1923 ließ Schwarzien zwei Bändchen mit eigenen geistlichen Liedern drucken. Schwarzien fand seine letzte Ruhestätte auf dem Waldfriedhof in Darmstadt. [R]

Seibel, Christine

Christine Seibel (* 1956 in Schwalmstadt/Nordhessen) ist eine deutsche Diakonisse, Lieddichterin und Komponistin. Sie absolvierte zuerst eine Ausbildung als Krankenschwester und unterrichtete ab dem Jahr 1980 in der Bibelschule des Diakonissenmutterhaus Aidlingen bei Böblingen in Baden-Württemberg. Im Zeitraum zwischen 1982 und 2006 lebte sie dort anschließend als Diakonisse. Ihren Ruhestand verbringt sie in Ettlingen. Sie verfasste beispielsweise den Text und die Melodie des 1976 veröffentlichten geistlichen Liedes *Danke, mein Vater, für alles, was du schenkst* und die Melodie zu dem Lied *Gott sah unsre Sündennot* sowie für den Kanon *Ihr werdet mit Freuden*. [R]

Simon, Klaus

Klaus Josef Simon (* 14. Juli 1954 in Bad Kissingen) ist ein zeitgenössischer Autor und Komponist neuer geistlicher Lieder sowie Bandleader, Tagungsleiter, Herausgeber und Konzertveranstalter. Er wurde als Sohn von Fridolin Simon und Hedwig, geb. Zehe, geboren, ist römisch-katholischer Konfession und erhielt Klavierunterricht. Er besuchte die Grundschule in Kahl am Main. Im Jahr 1964 wechselte er auf das Kronberg-Gymnasium in Aschaffenburg, ging dann ab 1970 auf das Spessart-Gymnasium in Alzenau und legte dort drei Jahre später das Abitur ab. Im gleichen Jahr begann er seinen Wehrdienst bei der Luftwaffe in Lauda zu leisten. Simon kam bereits durch kirchliche Jugendarbeit und über Jazzmessen in den sechziger Jahren erstmals mit Neuem geistlichen Lied in Berührung, das er seitdem mit eigenen Beiträgen bereichert. Er gründete mit seinem Bruder Hermann und Freunden 1970 in Kahl/Main die Kirchenband *opusculum*, eine Rock- und Tanzmusik-Combo, die bis 1980 bestand und mit der er die Kirchenliturgie für jugendliches Publikum attraktiv machte. Im Jahr 1974 nahm er ein Studium Theologie an der Julius-Maximilians-Universität in Würzburg auf, das er 1979 mit Diplom abschloss; während des Studiums nahm er an einer Ausbildung in Fach Kirchenorgel teil. In Jahr 1980 gründete er in Würzburg mit seinem Bruder Hermann und Mitstudenten und Mitstudentinnen die Musikgruppe *Taktwechsel*, die bis 2013 auftrat und war freiberuflich auch als NGL-Referent bei Tagungen im Erzbistum München/Josefs–thal und im Bistum Würzburg tätig. Mit Norbert und Gertrud Weidinger und einem Autorenteam gab er das NGL-Liederbuch *Wellenbrecher* für den *Deutschen Katechetenverein* in München heraus. Hierauf war er 1980 Pastoralpraktikant in Retzbach in der Diözese Würzburg und wurde 1981 in Kleinostheim als Pastoralassistent eingestellt. Im Jahr 1983 wechselte er nach Rieneck in den Pfarrverband Gemünden und legte 1985 die Zweite Dienstprüfung ab, worauf er als Pastoralreferent eingestellt wurde. 1990 zu einem Referenten für musikalisch-liturgische Bildung im Bistum Würzburg ernannt, versah er gleichzeitig ab 1993 die Stelle eines Regionaljugendseelsorgers für den Raum Main-Spessart in Lohr/Main. Im Jahr 1995 übernahm er eine Stelle als Pastoralreferent in Gräfendorf-Wolfsmünster und war gleichzeitig Referent für musikalisch-liturgische Bildung. In gleicher Kombination übte er seine Tätigkeit ab 2001 schließlich im Pfarrverband Gemünden aus. In diesen Jahren veranstaltete Simon die Tagungen *Andere Lieder wollen wir … singen, spielen* *tanzen*, die Tagungsreihe *Rock my Soul*, leitete den Aufbau der *Noto-/Phonothek NGL* in der Medienstelle des Bistums Würzburg und gab das *Sonn-Takts-Blatts* heraus, das als Rundbrief Bands und Chöre im Bistum Würzburg ansprach. Darüber hinaus leitete er den Arbeitskreis Neues geistliches Lied, organisierte die *AUFTAKT*-Treffen und das Festival *Rock my Soul*, das 1997 und 2000 stattfand. Für kirchenfernere Menschen hielt er *Out-of-church*-Musikgottesdienst außerhalb von kirchlichen Räumen ab. Im Jahr 2016 begann die Freistellungsphase der Altersteilzeit und 2018 trat Simon in den Ruhestand. Simon ist seit 1978 verheiratet mit Claudia Simon, geb. Diehl, die als Sängerin der Gruppe *Taktwechsel* auftrat, hat mit ihr drei inzwischen erwachsene Kinder und lebt in Gräfendorf im Saaletal. Simon hat bis heute für die Band *Taktwechsel* ca. 170 *Songs* geschrieben, die auf Tonträgern und als Noten erschienen. 20 seiner Lieder stehen im Gesangbuch *Junges Gotteslob* aus dem Dehm-Verlag und 15 im Liederbuch *Troubadour für Gott*, das im Kolpingwerk Würzburg verlegt wurde. In drei Editionen sind seine Lieder auch in der Reihe *Das Leben tanzen* zu den Werkheften mit liturgischen Tänzen von Gertrud Prem (* 1962) enthalten. [R] [A]

Sinz, Kurt

Kurt Sinz (* 2. Oktober 1873 in Nerchau/Königreich Sachsen, † 3. August 1952) war ein deutscher Herausgeber, Lieddichter und -übersetzer, der im Umkreis der Adventisten-Bewegung als Prediger seiner Kirche 22 Jahre lang in Pommern, Sachsen, Hannover, dem Rheinland, Thüringen und Bayern wirkte. Sinz war im Jahr 1898 Hilfsprediger und vier Jahre später Prediger der Adventisten geworden. Er war seit 1896 verheiratet mit Dorothea, geb. Redding und hatte mit ihr vier Kinder. Seinen

Lebensabend verbrachte er in Mittelfeld in Oberfranken, wo er auch seine letzte Ruhestätte fand. Im Adventverlag, Hamburg, sind zwei Bücher von ihm erschienen. Im Jahr 1933 publizierte er das Werk *Durch Glauben in die neue Welt*, im Jahr 1935 erschien *Dein Reich komme!* Um das Jahr 1938 betreute er die Herausgabe des Jugendbuchs Frohes Herz und freier Blick - *Ein Buch voller Erleben und Schauen für Jungen und Mädel*. In der genannten Publikation wird Sinz als Mitarbeiter und Schriftleiter des Adventverlags genannt, der zur Freikirche der Siebenten-Tags-Adventisten gehört. In der Liedsammlung *Zionslieder* aus dem Jahr 1947 stehen 33 Liedübersetzungen und vier eigene Lieder von Sinz, viele der Übertragungen Sinz' stammen aus dem Englischen und stammen von Franklin Edson Belden (1858-1945). [R]

Sommer, Sebastian Adam Karl

Sebastian Adam Karl Sommer (* 10. Juli 1796 in Aufseß/Oberfranken, † 10. August 1865 in Ottensoos) war ein deutscher evangelisch-lutherischer Pfarrer und Schriftsteller. Sommer war zunächst Pfarrer in Veitlahm (heute Ortsteil von Mainleus im Landkreis Kulmbach/ Oberfranken) und wechselte am 22. Oktober 1839 nach Ottensoos im Dekanat Hersbruck in Mittelfranken, wo er von 1840 bis 1865 als Pfarrer arbeitete. Sommers Grabstein befindet sich auf dem Friedhof von Ottensoos, möglicherweise aber nicht an der Grabstelle. Die Lebensdaten seiner Frau E. Ph. Sommer, geborene Ebhardt (1797-1849) stehen ebenfalls auf dem Grabstein. Sommer veröffentlichte mehrere Bücher, unter anderem ein Werk mit Predigten und eines mit Aphorismen, das 1830 in Nürnberg unter dem Titel *Alle Weisheit ist ein ursprüngliches Orakel* erschien. Bekannt wurde Sommer auch durch Aufnahme von vier Liedern und einigen Betrachtungen in das Jahrbuch *Christoterpe*, das im Jahr 1837 am Verlagsort Tübingen von dem Pfarrer und Hymnologe Albert Knapp (1798-1864) herausgegeben wurde. [W][R]

Sonka, Franz-Thomas

Franz-Thomas Sonka (* 1959 in Lünen-Altlünen/Nordrhein-Westfalen) ist ein deutscher römisch-katholischer Theologe und zeitgenössischer Autor moderner geistlicher Lyrik. Er wurde als Sohn des Bäckermeister Herbert Sonka (1930-1989) geboren, dessen Eltern aus Oppeln in Schlesien stammen. Seine Mutter war Erika Sonka (* 1937 in Kinderbeuern/Mosel, † 1980). Sonka besuchte im Zeitraum zwischen 1966 und 1969 die Kardinal-von-Galen-Grundschule in Altlünen und anschließend bis 1979 das Neusprachliche Gymnasium in Altlünen, wo er das Abitur ablegte. Hieran schloss sich zwischen 1979 und 1980 die Ableistung des Zivildienstes in der Katholischen Kirchengemeinde Herz-Jesu in Wesel-Feldmark und im Jahr 1981 ein Freiwilligenaufenthalt in Brasilien an, der Rio de Janeiro und den Nordosten des Landes umfasste und den Aufenthalt bei Franziskanern, die Begegnungen mit Vertretern der Befreiungstheologie und mit Basisgemeinden bot. Zwischen 1981 und 1986 studierte Sonka Philosophie und Theologie an der damaligen Philosophisch-Theologischen Hochschule der Franziskaner und Kapuziner in Münster und schloss das Studium als Diplomtheologe ab. Im Jahr 1985 nahm er eine Tätigkeit als Pastoraler Mitarbeiter mit dem Schwerpunkt der Offenen Kinder- und Jugendarbeit in der Katholischen Kirchengemeinde St. Sebastian in Münster-Nienberge auf, an die sich 1990 die Arbeit als Referent für religiöse Bildung und Messdienerarbeit im Bischöflichen Jugendamt des Bischöflichen Generalvikariats Münster anschloss. Ab dem Jahr 1992 baute Sonka die citypastorale Einrichtung des Kirchenfoyers in Münster auf, die er bis zum Jahr 2008 leitete. Seit 2008 ist er Leiter des Referates Seelsorge für Katholiken anderer Muttersprachen, Kultur und Ritus und Diözesanbeauftragter für die katholischen Ostkirchen. Die beruflichen Stationen wurden im Zeitraum zwischen 1988 und 2000 durch weitere Brasilienaufenthalte ergänzt, die u. a. die Teilnahme an *Nationalen Basisgemeindetreffen* in Duque de Caxias und São Luís ermöglichten. Zwischen 2010 und 2020 hielt sich Sonka mehrfach in Indien auf, wo der Schwerpunkt auf der Begegnung und dem Dialog der Religionen lag und mehrere Besuche in katholischen und hinduistischen Einrichtungen und indischen Dörfern umfasste, deren Bewohnerinnen und Bewohner zur Gruppe der sogenannten Unberührbaren gehören. Sonka hat zwei Kinder und drei Enkel. Seine Lyrik erschien bisher in zahlreichen Publikationen und besteht aus geistlichen Gedichten, Liedern und zahlreichen nicht vertonten lyrischen Texte. [R] [A]

Spiekerkötter, Carl Gustav Heinrich

Carl Gustav Heinrich Spiekerkötter war ein deutscher Pädagoge, Biologe, Heimatforscher und Lieddichter, der aus Halle in Westfalen stammte und in den Jahren zwischen 1839 und 1851 in Holzhausen am Limberge als Lehrer arbeitete. Anschließend setzte er seine berufliche Tätigkeit in Minden fort. Von ihm stammen eine handschriftliche Chronik über das Kirchspiel in Holzhausen und die 1882 in Minden verlegte Chronik *Die Ravensburg und ihre ursprünglichen Grafen*. Seine Sammlung eigener geistlicher Lieder wurde im Jahr 1845 in Minden unter dem Titel *Harfentöne oder christliche Gedichte zur häuslichen Erbauung*

gedruckt; eine zweite Auflage erschien im Jahr 1847. Im Jahr 1844 erschien eine von ihm verfasste *Anleitung zur Kenntnis der vorzüglichsten Giftpflanzen*, sowie im gleichen Jahr das Werk *Die Giftpflanzen Deutschlands*, beide in Minden verlegt. [R]

Sporleder, Christoph August

Christoph August Sporleder (* 1683 in Ermsleben/Harz im Bistum Halberstadt; † 11. Juli 1763) war ein deutscher evangelisch-lutherischer Pfarrer und Lieddichter. Er immatrikulierte sich im Jahr 1708 an der Universität in Halle/Saale, um Theologie zu studieren. Im Anschluss an sein Studium war er in den Jahren zwischen 1709 und 1714 Rektor am *Königlichen Paedagogium* in Glaucha und anschließend Pfarrer in Wattenheim, um schließlich bis 1763 als Pfarrer in Kirchheim an der Weinstraße und Bissersheim in der Pfalz zu wirken. Sporleder heiratete 1722 Anna Margarete, verw. Heidfeld und ein Jahr später Anna Christine von Savigny, Tochter des gräflichen Forstmeisters Peter Michael de Savoigny, mit der er mindestens einen Sohn (* 1724) und eine Tochter (1726-1730) hatte, die er durch einen Unfall verlor. Sporleders Wirksamkeit in der Grafschaft Leiningen-Westerburg zeugte von großer Tatkraft in Sinn des tätigen Pietismus: Er taufte Juden, regte die Gründung eines Waisenhauses in der Residenzstadt Grünstadt an und unterhielt einen großen Hof mit Knechten und Mägden, denen er Arbeit gab. Beim Hofdrucker Johann Georg Nuglisch wurde 1748 die Satzung der *Geistlichen Wittwen und Waysen Casse* und 1757 das *Neuaufgelegte Kirchen- und Hausgesangbuch* im Verlag des Grünstadter Waisenhauses mit 959 Liedern gedruckt. Er unterhielt einen Briefwechsel mit dem Stifter der Franckeschen Anstalten in Halle/Saale August Hermann Francke, der ihm wertvolle Impulse gab. Von Sporleders geistlichen Liedern ist eines überregional bekannt geworden und steht in Kirchengesangbüchern und Liedanthologien des 18. und 19. Jahrhunderts, unter anderem auch in dem erwähnten Gesangbuch von 1757 unter Nummer 902. Es ist ein Ewigkeitslied mit zwölf Strophen und heißt *O, ihr auserwählten Kinder, ihr Jungfrauen allzumal*. [K][R]

Steinert, Hanna

Hanna Steinert (* 1931) ist eine zeitgenössische Autorin geistlicher Lieder und Malerin. Sie ist eine Schwester des Chorleiters, Kantors und Lieddichters →Werner Steinert (* 1936) und der der Schriftstellerin →Ruth Immendorf, geb. Steinert (1926-2013). Hanna Steinert ist evangelisch-lutherischer Konfession und Diakonisse. Die Familie stammt väterlicherseits von Salzburger Exulanten ab, die 1723 im Kurfürstentum Sachsen Aufnahme gefunden hatten. Sie besuchte bis zum Jahr 1946 die Volksschule in Mittweida und absolvierte im Zeitraum zwischen 1949 und 1952 eine Ausbildung zur Kindergärtnerin in Chemnitz, worauf sie bis 1958 Erzieherin in staatlichen Einrichtungen der DDR war. Sie verließ den Staatsdienst aus Gewissensgründen und wendete sich der kirchlichen Gemeindearbeit zu. Sie besuchte die Bibelschule des *Gnadauer Gemeinschaftswerks* in Falkenberg und trat im Jahr 1960 in die Schwesternschaft des Sächsischen Gemeinschaftsdiakonissenhauses Zion in Aue ein, worauf sie in den folgenden Jahrzehnten an vielen verschiedenen Orten eingesetzt war. Im Jahr 1999 trat sie in den Ruhestand, den sie wie ihr Bruder Werner Steinert, im Diakonissenhaus Zion in Aue verbringt. [R]

Steinert, Werner

Werner Steinert (* 11. Dezember 1936 in Mittweida/Sachsen) ist ein deutscher evangelisch-lutherischer Organist, Chorleiter, Kantor im Ruhestand und Lieddichter. Er wurde als jüngstes von fünf Geschwistern geboren und stammt väterlicherseits von Salzburger Exulanten ab, die 1723 im Kurfürstentum Sachsen Aufnahme gefunden hatten. Die Schriftstellerin →Ruth Immendorf, geb. Steinert (1926-2013) ist seine Schwester, deren Gedichte er, ebenso wie eigene, vertont hat. Er nahm im Jahr 1952 eine Ausbildung zum Kantor an der Landeskirchenmusikschule in Dresden auf und schloss das Studium sechs Jahr später mit dem B-Diplom ab. Hierauf ließ er sich im Diakonenhaus Moritzburg zum Katecheten ausbilden und trat in die Diakonengemeinschaft ein. Im Jahr 1963 wurde er eingesegnet und heiratete im Herbst desgleichen Jahres. Als Kantordiakon diente er von 1959 in Schwarzenberg-Neuwelt, ab 1964 in Coswig, ab 1974 in Lauterbach/Erzgebirge und von 1983 bis zum Jahr 1990 in Sehma. Er ist seit 1991 verwitwet, lebt seit 2012 mit seiner älteren Schwester →Hanna Steinert (* 1931), einer Lyrikerin, Malerin und Diakonisse, im Diakonissenhaus Zion in Aue und versieht noch Kantoren-Vertretungen auf Sylt, sowie in Davos. [R] [A]

Stolze, Hans Dieter

Hans Dieter Stolze (* 1937 in Bernburg/Saale im Land Anhalt) ist ein deutscher Pfarrer, Schriftsteller und Kinderbuchautor. Er wurde als Sohn von Artur und Frieda Stolze geboren, besuchte die Volksschule in Bernburg und das Gymnasium Leibnizschule in Hannover, um anschließend ein Studium am Predigerseminar der Evangelischen Gemeinschaft in Reutlingen zu absolvieren, sowie Theologie an der

Universität in Hamburg zu belegen. Anschließend war er Pfarrer an verschiedenen Orten, wobei er bis zum Jahr 1980 Gemeinden der Evangelisch-methodistischen Kirche betreute, danach in der Evangelischen Kirche von Kurhessen-Waldeck wirkte und zuletzt im Zeitraum zwischen 1984 und 1999 an der Lutherkirche in Kassel eingesetzt war. Stolze ist verheiratet und hat zwei Kinder. Er verfasst erzählende Literatur für Kinder und Erwachsene und veröffentlicht Bücher über praktische Theologie und Kirchengeschichte. Drei von ihm geschriebene Lieder finden sich in Heften, Broschüren sowie auf Notenblättern und wurden vor allem in Liederbücher des Verlags Singende Gemeinde aufgenommen, die der Christliche Sängerbund herausgegeben hat. Im Gesangbuch des Bundes Ev.-Freikirchlicher Gemeinden und des Bundes Freier evangelischer Gemeinden, das 1978 in Wuppertal und Kassel unter dem Titel *Gemeindelieder* erschienen ist, steht sein Lied *Du hast gesagt, du seist das Licht der Blinden*. [R] [A]

Sturm, Evie

Evie Sturm, eig. Eva, geb. Doncic (* 1968 in Bietigheim-Bissingen) ist eine zeitgenössische Erzieherin, Gesangslehrerin, Autorin und Komponistin moderner geistlicher Lieder. Sie wurde als Tochter eines Kraftfahrers und einer Büroangestellten geboren und ist evangelisch-freikirchlicher Konfession. Sie besuchte im Zeitraum zwischen 1979 und 1986 das Gymnasium im Ellental und absolvierte anschließend bis 1987 ein Vorpraktikum im Kindergarten Leintal/Bissingen, worauf sie bis zum Jahr 1989 an der Fachschule für Sozialpädagogik in Ludwigsburg studierte. Nach einem Anerkennungsjahr im Kindergarten in Löchgau übernahm sie im Jahr 1990 die Gruppenleitung im Kindergarten Hohenhaslach. Zwischen 1991 und 1995 war Sturm hierauf

Musiklehrerin für Piano und Keyboard in einer privaten Musikschule in Bietigheim und war dann bis 1996 Erzieherin in einem Heim für Sozialwaisen in Oberammergau. Nach einem bis 1997 während Einsatz als Erzieherin in einem Kindergarten in Dietzhölztal-Ewersbach absolvierte sie von 1997 bis 1998 eine Gesangsausbildung zum *Vocal Coach* in der *Scream Factory* in Frankfurt/Main. Seit dem Jahr 1998 ist Sturm freiberufliche Sängerin und Pianistin, sowie *Vocal- und Piano-Coach, Songwriterin*, Übersetzerin für den Hänssler-Verlag in Holzgerlingen und leitete zwischen 2012 und 2013 den Kinderchor der Grundschule Affaltrach. Darüber hinaus engagiert sie sich in weiteren Kinderprojekte wie z. B. Kindergottesdiensten, Workshops u. ä. und tritt bei Konzerten als Sängerin auf. Sie hat mehr als einhundert moderne geistliche Lieder geschrieben, die zum Teil auf Tonträger veröffentlicht wurden und beispielsweise in dem 2010 erschienenen Liederbuch *Leben mit dir* des Hänssler-Verlags stehen, das der Evangelische Sängerbund herausgegeben hat. Sie ist verheiratet mit Michael Sturm und hat drei Kinder. [R] [A]

Šurman, Bedrich

Bedrich Šurman (* 15. Februar 1929 in Ostrau/Mähren; † 27. Mai 2003 in Bad Vilbel) war ein tschechischer evangelischer Pfarrer und Liedübersetzer. Er wurde am 2. September 1956 ordiniert, übernahm danach eine Pfarrstelle in Odrau/Oder und stand der Pfarrgemeinde der Evangelischen Kirche der Mährischen Brüder in Prag-Kobylisy von Mai 1960 bis Ende September 1967 als Pfarrer vor. Seit 1970 war er Pfarrer der Evangelischen Kirche von Hessen und Nassau und zunächst in zwei Frankfurter Gemeinden, zuletzt in Sindlingen, eingesetzt. Zwischen 1981 und 1988 war er hierauf Seelsorger der Evangelischen Gemeinden von Stierstadt und Weißkirchen (Oberursel/Taunus) und trat danach aus gesundheitlichen Gründen in den vorzeitigen Ruhestand. Eines seiner geistlichen Lieder steht im Gesangbuch der Evangelischen Brüdergemeine, das im Jahr 2007 erschienen ist. Es ist auch im Ev. Gesangbuch der EKHN unter Nummer 553 zu finden. hierbei handelt es sich um ein von ihm aus dem Tschechischen übertragenes Osterlied mit drei Strophen und dem Titel *Besiegt hat Jesus Tod und Nacht*, das Ludek Rejchrt verfasst hat. [R]

Syberberg, Rüdiger

Rüdiger Syberberg, Pseudonym Peter Gast (* 6. Februar 1900 in Mülheim/preußische Rheinprovinz; † 29. April 1978 in Garmisch-Partenkirchen) war ein deutscher Schriftsteller, Dramatiker, Hörspielautor und Lyriker. Syberberg wurde als Sohn eines Mühlenbesitzers geboren und legte im Jahr 1917 das kriegsbedingte Notabitur ab, worauf er ein Jahr lang bis zu einer Granatsplitterverletzung in Belgien an der Front Dienst tat. Er arbeitete nach Kriegsende als Bauarbeiter und Schauspieler, war in den Jahren zwischen 1923 und 1925 Dramaturg in Düsseldorf und heiratete im Jahr 1931 Eleonore, geb. Jäger (* 1912). In den folgenden Jahren war er dann Kaufmann und Journalist und führte später ein Buchantiquariat. Im Zweiten Weltkrieg wurde er in eine Baukompanie bei Ulm eingezogen. Er heiratete im Jahr 1943 in zweiter Ehe Ursula, geb. Hintze (1920-1975). Mit Reinhold Schneider zusammen entwarf und druckte er Flugblätter gegen die nationalsozialistische Gewaltherrschaft. Nach Kriegsende wurde Syberberg in der amerikanischen Besatzungszone zum Bürgermeister des 35. Bezirks von München eingesetzt. Ab 1951 war Syberberg neben Johannes Tralow und Johannes R. Becher Präsident des PEN-Zentrums Deutschland, trat aber 1953 aus der Vereinigung aus. Seine Dramen, Gedichte und Erzählungen, von denen viele ins Holländische, Französische, Englische und Spanische übersetzt wurden, behandeln vorwiegend religiöse Themen. Syberberg erhielt im Jahr 1957 den renommierten Hermann-Hesse-Preis zugesprochen. Sein Leben war von großen persönlichen Verlusten, Krankheit und Tod naher Angehöriger und finanziellen Problemen belastet. Er war zwei Mal verheiratet, hatte sieben Kinder und lebte zuletzt mit der Malerin Sabine Buldt (1943-2006) zusammen. Er fand seine letzte Ruhestätte auf dem Friedhof in Garmisch. Syberberg war von katholischer Konfession, der er sich im Lauf seines Lebens entfremdete; im Jahr 1953 trat er aus der Kirche aus. Eine Freundschaft mit dem Hessen-Nassauischen Kirchenpräsidenten Martin Niemöller und seine Arbeit für die Evangelische Akademie Tutzing boten ihm, wie sein Engagement gegen die atomare Aufrüstung, eine neue Perspektive. [B][W][R]

Ufer, Albrecht

Albrecht Ufer (* 31. Januar 1907 in Wilnsdorf/Krs. Siegen in der preußischen Provinz Westfalen; † 31. März 1998 in Siegburg) war ein deutscher evangelischer Pfarrer, Herausgeber und Lieddichter. Er besuchte das Gymnasium in Dillenburg und studierte ab 1926 in Bonn Philosophie und Theologie. Zwei Jahre später wechselte er an die Hochschule von Berlin und 1932 an die in Tübingen. Nachdem er im Zeitraum zwischen 1931 und 1932 an der Berufsschule von Neunkirchen/Saar Religion unterrichtet hatte, trat er im Jahr 1935 in den Vikarsdienst, den er an der Johanneskirche in Düsseldorf absolvierte und trat 1936 ins Prediger-Seminar in Naumburg/Queis in

Schlesien ein. Zwischen 1936 und 1937 wirkte er in der Studentengemeinde in Bonn, die zur Bekennenden Kirche gehörte, und leistete zwischen 1937 und 1941 Pfarrer-Hilfsdienst in der Gemeinde Essen-Altstadt, wo er den späteren Bundespräsidenten Gustav Heinemann (1899-1976) kennenlernte, der damals dort Kirchenvorsteher war. Im Zeitraum zwischen 1941 und 1945 war Ufer Sanitäter im Militärdienst und wurde im Jahr 1946 an die Gemeinde in Siegburg berufen, wo er bis 1972 die Pfarrstelle I bekleidete. Ufer war seit Februar 1944 mit Liselotte, geb. Frettlöh, verw. Disselhoff, (* 2. August 1918) verheiratet und hatte mit ihr zwei Söhne. Er verbrachte seinen Ruhestand in Berghausen-Gimborn, den letzten Lebensabschnitt im Evang. Seniorenzentrum am Michaelsberg in Siegburg und fand am 7. April 1998 seine letzte Ruhestätte auf dem Friedhof von Gummersbach-Berghausen. In der 1946 in Göttingen von Friedrich Samuel Rothenberg (1910-1997) herausgegebenen Sammlung neuer geistlicher Gedichte, die unter dem Titel *Lob aus der Tiefe - Junge geistliche Dichtung* erschien, wurde ein Beitrag von Ufer berücksichtigt. Im Jahr 1944 hatte Ufer zuvor eine Sammlung von Gedichten deutscher Soldaten unter dem Titel *Gedichte unserer feldgrauen Brüder aus den Kriegsjahren 1941-1944* herausgegeben. Im Verlag Johannes Neufert, Lüdenscheid, erschien im Jahr 1977 eine Sammlung von Ufers Predigten und Gedichten unter dem Titel *Es ist erschienen die Menschenfreundlichkeit unseres Gottes.*

Uhlmann, Gustav Adolf

Gustav Adolf Uhlmann (* 12. Januar 1799 in Fahrland bei Potsdam/Königreich Preußen; † nach 1871 und vor 1874, wahrscheinlich in Lütte/Königreich Preußen) war ein evangelisch-lutherischer Pfarrer und Lieddichter. Er wurde als dritter Sohn des Pfarrers Johann Daniel Uhlmann († 1807) geboren und besuchte ab dem Jahr 1804 das Gymnasium in Potsdam, als sein Vater dort an die St.-Nikolai-Kirche berufen wurde. Im Jahr 1819 immatrikulierte sich Gustav Adolf Uhlmann an der Universität in Berlin, wo er Theologie studierte. Nach Abschluss des Studiums wurde er im Jahr 1822 als Junglehrer am Gymnasium in Potsdam angestellt, heiratete und wechselte drei Jahre später ins geistliche Amt, als er in der Weberkolonie *Nowawes* bei Potsdam die Pfarrstelle übernahm. Im Jahr 1831 wurde er als Pfarrer nach Lütte berufen, wo er die Pfarrstelle bis zu seinem Tod innehatte. Dort erlebte er 1833 den großen Stadtbrand, in den beiden folgenden Jahren Missernten und Viehsterben, 1844 den Tod seiner Frau, die ihm drei Söhne geschenkt hatte und 1855 die Schrecken einer Cholera-Epidemie. Er heiratete im Jahr 1844 in zweiter Ehe Henriette, geb. Strauß († 1871) aus Zinna, und hatte am Ende seines Lebens vier Söhne und zwei Töchter. Er veröffentlichte 1845 am Verlagsort Leipzig eine Sammlung eigener geistlicher Lieder unter dem Titel *Glockentöne aller christlichen Sonn- und Festtage*. [R]

Traub, Friedrich

Friedrich Traub (* 19. Januar 1873 in Korntal/Königreich Württemberg; † 8. Februar 1906 in Lijiang/China) war ein deutscher evangelisch-lutherischer Pfarrer, Missionar und Lieddichter. Traub absolvierte zunächst eine Kaufmannslehre und trat 1893 in das Predigerseminar *Chrischona* ein. Nachdem er 1899 kurzzeitig in West- und Ostpreußen als Pfarrer eingesetzt war, wurde er als Missionar nach China entsandt, wo er im Jahr 1900 in den Boxer-Aufstand geriet und mehrfach knapp mit dem Leben davonkam. Im Jahr 1904 heiratete er Emilie Brunschweiler und starb Anfang 1906 an Entkräftung, die durch die schlechten hygienischen Bedingungen in China bedingt waren. Sein Sohn Friedrich wurde nach seinem Tod geboren. Friedrich Traub schrieb zahlreiche geistliche Lieder, mit denen er sich zu größerer Treue im Glauben anhalten wollte und von denen er sich Stärkung in den schwierigen Bedingungen seines Missionseinsatzes bei schwacher Gesundheit und abnehmenden Kräften versprach. Eine erste Lebensbeschreibung Traubs erschien mit einem Anhang einiger seiner Lieder, von Martin Krawielitzki in Marburg/Lahn 1936 herausgegeben, unter dem Titel *Friedrich Traub - Missionar und Sänger*. Eine zweite Biographie, ebenfalls vermehrt um eine Auswahl einiger Lieder, gab Friedemann Hägele im Jahr 1995 in Stuttgart unter dem Titel *Friedrich Traub, ein Pionier der Chinamission* heraus. [B][R]

Vesper, Stefan

Stefan Vesper (* 15. Februar 1956 in Düsseldorf) wurde als Sohn von Herbert (1916-1988) und Marianne Vesper (1919-1994) geboren, besuchte das Görres-Gymnasium in seiner Geburtsstadt und legte dort das Abitur ab. Anschließend leistete er den Zivildienst in einem Jugendheim der *Katholischen Studierenden Jugend (KSJ)* und studierte Geschichte und Theologie für das Lehrfach in Köln und Bonn. Nach dem Referendariat und dem 2. Staatsexamen war er von 1987 bis 1995 und wieder von 1998 bis 1999 (in Teilzeitanstellung) Pädagogischer Mitarbeiter am *Katholisch-Sozialen Institut* (KSI) der Erzdiözese Köln in Bad Honnef. Im Jahr 1992 promovierte er mit einem Thema zur Erwachsenenbildung an der Universität Osnabrück/Vechta und nahm 1994 einen Lehrauftrag am Seminar für Katholische Theologie der Universität Köln im Bereich Religionspädagogik/Erwachsenenbildung an. Zwischen 1996 und 1997 war Vesper beim Sekretariat des *Rates der Europäischen Bischofskonferenzen (CCEE)* in St. Gallen tätig und leitete am *Katholisch-Sozialen Institut* in Bad Honnef die *Internationale Arbeitsstelle für Erwachsenenbildung (IAE)* in Brüssel. 1999 wurde er Generalsekretär des *Zentralkomitees der deutschen Katholiken (ZdK)* und trat 2020 in den Ruhestand. Während seines Studiums schrieb er den Kanon *Jeder Teil dieser Erde ist meinem Volk heilig,* der eine Übertragung einer Aussage in der Rede des Häuptlings Seattle († 1866) ist und in viele Liederbücher aufgenommen wurde. Darüber hinaus gab er u. a. im Jahr 2018 das Buch *Suche Frieden* und 2007 zusammen mit Hans Joachim Meyer (* 1936) die Sammlung *Spuren, die bleiben: Reden zu Katholizismus, Kultur und Wissenschaft* heraus. [W][R][A]

Vetter, Johann Jakob

Johann Jakob Vetter (* 10. Januar 1789 in Stein am Rhein/Schweiz; † 31. Dezember 1871 in Schaffhausen) war ein ev.-reformierter Pfarrer, Liedkomponist, Hymnologe und Liedsammler. Er wurde als Sohn von Anna Margaretha Vetter (1764-1804) geboren und studierte in Tübingen Theologie. Im Jahr 1810 wurde er als Pfarramtskandidat in Schaffhausen examiniert, ordiniert und in die Schaffhauser Pfarrersynode aufgenommen. Im Zeitraum zwischen 1810 und 1814 war er Pfarrer in Osterfingen und heiratet 1814 Susanna Carolina Zahndt (1791-1870). Im gleichen Jahr wurde er als Pfarrer nach Beggingen berufen, wo er elf Jahre im Amt stand. In dieser Zeit hielt die christliche Erweckungsbewegung Einzug; in Hauskreisen wurden neue Lieder gesungen, die u. a. aus dem pietistischen Württemberg kamen und die Pfr. Vetter in einem handgeschriebenen 32-seitigen Lieder-heft sammelte. Vom Jahr 1825 bis 1869 war Vetter dann Pfarrer in Schleitheim; der ihm zugeordnete Vikar Emanuel Huber war später sein Schwiegersohn. Den Ruhestand verbrachte Vetter in Schaffhausen. Die erste Druckausgabe der von Vetter gesammelten Lieder erfolgte im Jahr 1818 in einer Auflage von 500 Exemplaren; dieses Heft wurde in Beggingen im pietistischen Hauskreis an Sonntagnachmittagen unter Mitwirkung des Ortspfarrers Vetter verwendet, sowie wohl auch in benachbarten Hauskreisen. Darin ist erstmals in der gesamten katholischen und reformierten Schweiz das Lied *Großer Gott, wir loben dich* von Vetter veröffentlicht worden, welches vom katholischen Priester und Rektor Ignaz Franz in Breslau 1768 gedichtet worden war und heute weltweit verbreitet ist. Spätere Auflagen wurden um den Notensatz der Lieder ergänzt; einige Lieder gelangten dann auch in die Kirchengesangbücher der Kantone. Zu mehreren geistlichen Liedern hat Vetter die Melodie bzw. den Melodiensatz verfasst. [R]

Vetter-Baumann, Maria

Maria Vetter-Baumann, geb. Baumann, (* 1. November 1866 in Riehen bei Basel/Schweiz; † 22. Januar 1960) war die Gründerin der *Adullam-Stiftung*, aus der die gleichnamigen christlichen Pflegezentren in Basel und Riehen hervorgingen. Maria Baumann wurde als Tochter des Lehrers Jakob Baumann (1836-1905) geboren und evangelisch getauft. Sie war seit dem Jahr 1906 mit dem Gründer der Deutschen Zeltmission und evangelisch-freikirchlichen Erweckungsprediger Jakob Vetter (1872-1918) verheiratet. Aus der Ehe ging eine Tochter, die im Jahr 1908 geborene Maria Berta Emma, genannt Marily, hervor. Maria Vetter-Baumann starb mit 93 Jahren; die

Trauerfeier fand am 25. Januar in der Dorfkirche von Riehen statt. Ihre letzte Ruhestätte fand Vetter-Baumann an der Seite ihres bereits 1918 an der Tuberkulose verstorbenen Mannes auf dem Gottesacker in Riehen. In der Liedsammlung der Deutschen Zeltmission, den *Sieges-Liedern*, die im Jahr 1911 in Geisweid/Westfalen erschienen ist, findet sich ein Glaubenskampflied unter der Angabe M. Baumann. Das Lied heißt *Nicht sehen und doch glauben* und hat vier Strophen. [R]

Vinzelberg, Joachim

Joachim Vinzelberg (* um 1614 vermutlich in Angern bei Magdeburg, † nach 1680) war evangelisch-lutherischer Pfarrer und Lieddichter. Er immatrikulierte sich im Juni des Jahres 1632 an der Universität Helmstedt, wo er Theologie belegte. Der nächste Lebensnachweis stammt aus dem Jahr 1641, als er in der Chronik der Peiner Schule als Rektor geführt wird. Er hatte zuvor im November 1639 die Witwe des Peiner Bürgermeisters Heinrich Löder, Elisabeth, geb. Blasen († 6. Juni 1669), geheiratet. Anlässlich dieser Verbindung ließen Freunde und Kollegen ein Hochzeitsgedicht drucken. Das Paar hatte eine namentlich bekannte Tochter namens Catharin-Elisabeth, die später den Sohn des Bürgermeisters von Peina Daniel Lütken heiratete. Im Jahr 1640 trat Vinzelberg ins geistliche Amt, als er die Pfarrstelle von Münstedt erhielt, wofür er das theologische Examen ablegte und ordiniert wurde. Münstedt an der Peine gehörte zum Fürstentum Braunschweig-Wolfenbüttel und ist heute ein Ortsteil von Lahstedt. Nach dem Tod seiner ersten Frau heiratete Vinzelberg eine in seinem Haushalt angestellte Magd und wurde am 2. Juni 1671 wiederum Vater einer Tochter; ihr folgten fünf weitere Kinder, darunter zwei Totgeburten und ein nach drei Tagen verstorbener Sohn. Seine Bittgesuche an die Regierung um begrenzte Steuerfreiheit für die Mitglieder seiner von Krieg, Hunger, Seuchen und Einquartierungen dezimierte bzw. verarmte Gemeinde, denen entsprochen wurde, sind erhalten und so detailreich ausgeführt, dass sie als hervorragende Zeugnisse für die Regionalgeschichtsschreibung dienen. Im Jahr 1651 erschien eine Denkschrift von Vinzelberg aus Anlass des Endes des Dreißigjährigen Krieges, dem drei geistliche Lieder beigegeben sind, unter dem Titel *Dreyständiges Danklied*. Diesem Buch folgte im Jahr 1664 eine in Hildesheim gedruckte Sammlung von *Lehr-, Buss-, Trost-, Bitt- vnd Dank-Liedern* mit 180 Seiten. Nach eigenen Angaben nahm sich der Autor bei Themenwahl und Ausführung des Werks ein Vorbild an dem Werk des berühmten Theologen und Lieddichters Paul Gerhardt (1607-1676). [R]

Vogt, Fabian

Fabian Vogt (* 5. Mai 1967 in Frankfurt/Main) ist evangelischer Pfarrer, Schriftsteller und Kabarettist sowie Autor und Komponist moderner geistlicher Lieder. Er wurde als Sohn des Journalisten Dieter Vogt (1937-2012) und der promovierten Kunsthistorikerin Monika Vogt (* 1941) geboren und besuchte zwischen 1972 und 1977 die Holzhausenschule in Frankfurt. Bis 1983 ging er anschließend auf die Elisabethenschule und bis 1986 ins Goethegymnasium in Frankfurt. Er leistete zwischen 1986 und 1988 Zivildienst im Evangelischen Jugendwerk Hessen und studierte dann an der Johann-Wolfgang-von-Goethe-Universität, der Ruprecht-Karls-Universität in Heidelberg und der Johannes-Gutenberg-Universität in Mainz Theologie und Germanistik. Er schloss die Studien mit dem Ersten Theologischen Examen und dem Magistertitel ab. Vogt absolvierte das Vikariat von 1995 bis 1997 in der Andreasgemeinde in Niederhöchstadt

und übernahm anschließend bis zum Jahr 2007 ein Sonderpfarramt für *Kreative Gemeindeentwicklung*. Zeitgleich unterzog er sich zwischen 2002 und 2008 einem Promotionsstudium an der Ernst-Moritz-Arndt-Universität in Greifswald. Zwischen 2008 und 2015 arbeitete er als Gemeindpfarrer der Kirchengemeinde Oberstedten und ist seit 2015 mit *Kommunikationsprojekten* in der Öffentlichkeitsarbeit der Evangelischen Kirche in Hessen und Nassau betraut. Vogt schreibt für verschiedene Zeitungen, verfasst Romane, Sachbücher, Liedtexte, Theaterstücke und Kurzgeschichten und hält Andachten im Hessischen Rundfunk. Bisher hat er etwa 350 Lieder verfasst und vertont. Mit Clemens Bittlinger und Eugen Eckert gab er im Jahr 2014 im Strube-Verlag, München das Gesangbuch *Atem des Lebens - Die Reformation weitersingen* heraus. Zusammen mit Martin Schultheiß bildet er das Musikkabarett *Duo Camillo*. Vogts literarischen Arbeiten und Kabarettprogramme wurden bereits mehrfach ausgezeichnet. Er ist verheiratet mit der Pfarrerin →Miriam Küllmer-Vogt (* 1973) und hat mit ihr zwei Kinder. [W][R][A]

Volkmar, J. C.

J. C. Volkmar ist ein unbekannter Lieddichter, von dem ein geistliches Lied nachweisbar ist. Es heißt *Liebste Herde, gute Nacht, sei gesegnet*, ist ein Ewigkeitslied und steht in der Liedsammlung *Das mit allen Freuden sterbende Kind Gottes*, die 1788 in Zittau von Christian Wilhelm Spazier (1717-1795) herausgegeben wurde. Da mehrere andere unbekannte Autoren in diesem Werk, von denen lediglich ein Lied gefunden werden kann, im persönlichen Umfeld des Herausgebers, zum Beispiel als Amtskollegen, lebten, kann nicht ausgeschlossen werden, dass auch hier dieser Fall vorliegt. Es wäre demzufolge nach einem

Pfarrer, Kantor, Lehrer oder Wissenschaftler zu suchen, der in der zweiten Hälfte des 18. Jahrhunderts in oder um Zittau, jedenfalls aber in der Lausitz, lebte. Möglicherweise handelt es sich bei dem gesuchten Lieddichter um Johann Tobias Volkmar, der als Pastor in Breslau lebte und Sohn des Hirschberger Komponisten Tobias Volkmar war. In diesem Fall wäre das Kürzel J. C. Volkmar falsch. Diesen Hinweis erhielt ich von der Oberlausitzische Gesellschaft der Wissenschaften e.V. in Görlitz. [R]

Walter, Silja

Silja Walter, eig. Cécile Walter, Ordensname *Schwester Maria Hedwig* (* 23. April 1919 in Rickenbach bei Olten/Kanton Solothurn; † 31. Januar 2011 im Kloster Fahr/Kanton Zürich) war eine Schweizer Benediktinerin und Schriftstellerin. Sie wurde als Tochter des Verlegers, Schriftstellers und Nationalrates Otto Walter (1899–1944) geboren und besuchte von 1933 bis 1938 das Lehrerinnenseminar Bernarda in Menzingen. Anschließend studierte sie Literaturwissenschaften an den Universität Freiburg und Basel, musste die Studien jedoch wegen einer Lungenerkrankung abbrechen. Nach ihrer Genesung leistete sie Jugendarbeit im katholischen Mädchenverein Blauring. Im Jahr 1948 trat sie ins Benediktinerinnenkloster Fahr ein und legte 1949 ihre ersten Gelübde ab. Silja Walter schrieb seit 1944 Gedichte und veröffentlichte über 60 Werke; hierzu gehören Lyrik, Hymnen und Meditationen, geistliche Tagebücher, einen Roman, Mysterienspiele, Schauspiele und Theaterstücke. Ihre Autobiografie erschien unter dem Titel *Das dreifarbene Meer* im Jahr 2009. Eine Gesamtausgabe ihrer Werke wird, betreut von →Ulrike Wolitz, im Paulusverlag in zwölf Bänden herausgegeben. Das Leben von Walter wird auch in dem von Wolitz verfassten Buch *Dich kommen sehen und singen* behandelt, das 2019 im Paulus-Verlag erschienen ist. Im katholischen Gesangbuch *Gotteslob*, dem Schweizer Kirchengesangbuch sowie im *Stundenbuch der katholischen Kirche* stehen mehrere geistliche von Walter verfasste Lieder und Hymnen; ihr Adventslied *Mein Herr und Gott, auf ewig sei gepriesen* findet sich im Gesangbuch der Evangelischen Brüdergemeine, das 2007 in Bad Boll erschienen ist. Walter erhielt im Jahr 1967 den Literaturpreis der Stadt Zürich, 1971 den Kunstpreis des Kantons Solothurn sowie 1956 und 1992 den Gesamtwerkspreis der Schweizerischen Schillerstiftung der Schweiz. Sie wurde darüber hinaus mit mehreren Ehrenbürgerschaften geehrt und war Mitglied der Bayerischen Benediktinerakademie. [B][W][R]

Walther, Carl

Carl Christoph Walther († 1850) war ein deutscher evangelisch-lutherischer Pfarrer und Schriftsteller. Walther war nach seinem Studium Pfarrer an der Stadtkirche in Uelzen und wurde im Jahr 1836 als Superintendent und Erster Pfarrer nach Hardegsen berufen. Im Jahr 1848 wechselte er nach Winsen an der Luhe, wo er ebenfalls als Superintendent der Inspektion Winsen/Luhe tätig war und ein Jahr später verstarb. Auch nach aufwendiger Suche konnte kein Hinweis auf Geburtsdaten und -ort sowie den Bestattungsort gefunden werden. Von Walther sind neben theologischen Abhandlungen in den Jahren 1835 und 1840 zwei Sammlungen von Predigten im Druck erschienen. Seine geistlichen Lieder wurden 1844 in Göttingen unter dem Titel *Blüthen der Andacht, religiöse Lieder und Gesänge* verlegt. Das im Auftrag des Landeskirchenamts Hannover im Jahr 1941 von Philipp Meyer herausgegebene Buch *Die Pastoren* der Landeskirchen Hannovers und Schaumburg-Lippes seit der Reformation nennt einen Pfarrer Walther, der nach seiner Entlassung aus dem Kirchendienst in Hardegsen und Winsen nach Amerika ausgewandert ist; ob diese Informationen Carl Christoph Walther betreffen, ist derzeit nicht feststellbar. [R]

Weber, Raymund

Raymund Weber (* 1939 in Langenberg/Rheinland (heute Velbert) ist ein deutscher römisch-katholischer Diplom-Theologe und Lieddichter. Nach dem Studium von Germanistik und Theologie arbeitete er mehrere Jahrzehnte als Diözesanreferent im Erzbischöflichen Generalvikariat Köln in den Bereichen Jugend- und Erwachsenen-Pastoral. Als Gründungs-Mitglied des 1971 aus der Taufe gehobenen *Arbeitskreises SINGLES (Singen. Internationaler Neuer Geistlicher Lieder - Ein Serviceangebot)*, einem Kreis von Autoren und Musikschaffenden zur Förderung des Neuen Geistlichen Lieds, kam er zum Texte-Dichten. Er schrieb ca. 200 Liedtexte, die von verschiedenen Musikern vertont wurden, darunter zwei Mess-Kompositionen. Hierbei handelt es sich um die *Mainzer Messe* von 2002 mit der Musik von Thomas Gabriel; sowie die *Franziskusmesse* von 2014 mit der Musik von Klaus Wallrath. Außerdem verfasste Weber zahlreiche Übertragungen aus dem Englischen und Französischen und neue Texte zu vorhandenen Melodien. Mehrere seiner Liedtexte wurden in Gesangbücher aufgenommen, so in das katholische *Gotteslob*. Einzelne Strophen seiner Lieder werden auch für die Herrnhuter Losungen verwendet. [R][A]

Weidinger, Norbert

Norbert Weidinger (* 16. April 1948 in Würzburg) ist ein deutscher Hochschullehrer, Lieddichter und Komponist römisch-katholischer Konfession. Er wurde als Sohn von Vinzenz Weidinger (1901-1967) und Ludwina Katharina Weidinger, geb. Sauer (1908-1996) geboren, besuchte im Zeitraum zwischen 1954 und 1958 die Volksschule Opferbaum/Landkreis Würzburg und anschließend bis 1963 das Progymnasium der Missionsbenediktiner Münsterschwarzach. Hieran schloss sich bis zum Jahr 1967 das Riemenschneider-Gymnasium in Würzburg und bis 1969 die Ableistung des Wehrdienstes in Speyer und München an. Von 1969 bis 1974 lebte Weidinger als Mönch in der Benediktinerabtei Münsterschwarzach und wurde dort durch den Träger des Europäischen Kirchenmusikpreises 2018 Godehard Reinhard Joppich (*1932) in die Choral-Gesangkunst eingeführt; dieser hatte Weidinger zuvor bereits als Religionslehrer am Gymnasium zwei Jahre unterrichtet. Ab dem Jahr 1970 studierte Weidinger an der Universität in Salzburg Theologie und wechselte zwei Jahre später an die Universität in Würzburg, wo er neben Theologie auch Erziehungswissenschaften studierte. Im Jahr 1974 heiratete er die Lehrerin Gertrud Weidinger, geb. Gräf, beide haben zwei Söhne. Er schloss das Theologie-Studium im Jahr 1975 mit einer Diplomarbeit im Fach Pastoraltheologie ab und beendete das Studium der Erziehungswissenschaften 1976 mit der Ersten Lehramtsprüfung für Grund- und Hauptschulen in Bayern. Zwischen 1976 und 1977 war Weidinger Referent für Liturgie und Ministranten an der Bischöflichen Arbeitsstelle für Jugendseelsorge im Jugendhaus Düsseldorf, anschließend bis 1985 Referent für Religionspädagogik der *Zentralstelle Bildung der Deutschen Bischofskonferenz* mit Gestellungsvertrag an den *Deutschen*

Katecheten-Verein e. V. München und dann bis 1989 Assistent am Lehrstuhl für Religionspädagogik und Didaktik des Religionsunterrichts an der Ludwig-Maximilians-Universität München, wo er ein Jahr zuvor mit einer Arbeit über das Thema *Elemente einer Symbolhermeneutik und –Didaktik für den Religionsunterricht an beruflichen Schulen* promoviert hatte. Von 1989 bis 2013 war Weidinger hauptberuflich wissenschaftlicher Referent am *Religionspädagogischen Zentrum Bayern* in München und von 2005 bis 2013 zugleich dessen Direktor. In dieser Zeit pflegte er eine enge Zusammenarbeit mit dem evangelischen *Religionspädagogischen Zentrum* in Heilsbronn, u. a. bei der Herausgabe mehrerer Liederbücher mit neuen geistlichen Liedern für den Religionsunterricht wie das in vielen Bundesländern lernmittelfrei für den Regelunterricht zugelassene ökumenische Liederbuch *Alive*, das 2008 in München verlegt wurde. Nebenberuflich arbeitete er von 2000 bis 2005 weiterhin als Lehrbeauftragter am Lehrstuhl für Religionspädagogik und –Didaktik an der Ludwig-Maximilians-Universität München. Zwischen 1992 und 1994 übernahm er für je ein Semester eine Lehrtätigkeit an der Universität Hannover über *Lied und Musik im Religionsunterricht der Orientierungsstufe und der Sekundarstufe I* und an der Universität Augsburg zum Thema *Religionsdidaktische Übungen für den Religionsunterricht in Grund- und Hauptschulen*. Er ist der Autor mehrerer Bücher und Ratgeber, die er zum Teil mit seiner Frau Gertrud Weidinger verfasst hat. Seine Publikationen beschäftigen sich mit Liturgie, Religionspädagogik und dem sachgerechten Umgang mit Ritualen und Symbolen. Die meisten seiner geistlichen Lieder stehen in der von Bernward Hofmann (* 1954) im Jahr 1999 herausgegebenen Sammlung *Troubadour für Gott*, die im Kolping-Bildungswerk Würzburg erschienen ist; viele Lieder wurden von Ludger Edelkötter (* 1940) und einige von Weidinger selbst vertont. Sein Lied *Geh mit uns auf unserm Weg* steht (verkürzt auf einen *Liedruf*) im Diözesanteil einiger deutschsprachigen (Erz-)Diözesen des katholischen Gesangbuchs *Gotteslob* sowie in dem 2011 von der Evangelisch-Lutherischen Kirche Bayern herausgegebenen Liederheft *Kommt, atmet auf.* [R][A]

Wenkemann, Tobias

Tobias Wenkemann (* 5. April 1969 in Aachen/Nordrhein-Westfalen) ist ein deutscher Pädagoge und Dozent, sowie zeitgenössischer Autor und Komponist moderner geistlicher Lieder. Er ist römisch-katholischer Konfession und besuchte bis zum Jahr 1989 den musischen Zweig des Herder-Gymnasiums in Forchheim. Anschließend leistete er Zivildienst in der Werkstatt für Behinderte der Lebenshilfe Forchheim bevor er an der Otto-Friedrich-Universität Bamberg studierte und den Titel eines Diplomierten Berufspädagogen für die Fächer Sozialpädagogik und Musikpädagogik an beruflichen Schulen erwarb. Seitdem lehrt er als Dozent an der Caritas-Fachakademie für Sozialpädagogik Bamberg. Wenkemann ist verheiratet und hat zwei Kinder. Er hat bisher 150 Liedmelodien, meist in Zusammenhang mit Musicals bzw. für Bands, komponiert und einige Liedtexte verfasst, von denen drei in Liederbücher aufgenommen wurden. Für das Lied *Friede sei mit euch, wenn ihr nach Hause geht* hat er sowohl den Text als auch die Melodie geschrieben; das Lied steht beispielsweise im sog. *Kinder-Gotteslob*, das unter dem Titel *Weil du da bist* im Jahr 2008 veröffentlicht wurde. [R] [A]

Werner, Roland

Roland Werner (* 1. Juli 1957 in Duisburg-Beeck) ist ein deutscher Sprachwissenschaftler, evangelischer Theologe und Lieddichter. Er wurde als Sohn des Postbeamten Martin Werner und der Sekretärin Erika Werner, geb. Jost, geboren und besuchte von 1964 bis 1967 die Lange-Kamp-Grundschule in seinem Geburtsort. Hierauf ging er zwischen 1967 und 1976 auf das Landfermann-Gymnasium in Duisburg und verbrachte zwischen 1973 und 1974 ein Schuljahr an der *Nathan Hale High School* in Seattle. Nach dem Abitur studierte er von 1976 bis 1978 an der Philipps-Universität in Marburg Theologie, Semitistik, Afrikanistik, vergleichende Religionswissenschaft und Religionsgeschichte. Hieran schloss sich von 1978 bis 1980 in Münster ein Studium der Theologie und Arabistik an, worauf er im Jahr 1980 an die Hochschule in Marburg zurückkehrte. Er heiratete 1983 die Theologin und Schriftstellerin Elke Werner, geb. Brands. Im Februar 1986 promovierte er über das Nilnubische und führt seitdem seine Studien in nordsudanischen Sprachen weiter. Zwischen 1987 und 1989 arbeitete Werner an der Universität in Frankfurt am Main und lehrte von 1986 bis 1990 Hebräisch und Altes Testament am Theologischen Seminar Tabor in Marburg, wo er seit August 2016 Honorarprofessor für Theologie ist. Im Jahr 1992 hatte er einen Lehrauftrag für Sudanische Sprachen an der Humboldt-Universität in Berlin und war in den Jahren 1996, 2004 und 2006 Gastprofessor am *Gordon Conwell Theological Seminary* in South Hamilton (Boston), Massachusetts. Von 2004 bis 2006 war er aufgrund seiner Tätigkeit in der Jesus-Gemeinschaft berufenes Mitglied eines Ausschusses der Evangelischen Kirche in Deutschland (EKD). Im Februar 2012 erwarb er den Doktortitel der Theologie. Werner war 1981 Mitbegründer und bis 2013 Leiter der *Kommunität Jesus-Gemeinschaft*. Mit seiner Frau leitete er die damit verbundene ökumenische *Gemeinschaft Christus-Treff (CT)* in Marburg, Jerusalem und Berlin. Im Jahr 1990 wurde Werner zum Universitätsevangelisten der Studentenmission in Deutschland (smd) berufen, eine Aufgabe, die er bis 1992 wahrnahm. Im Jahr 1993 übernahm er die Leitung des christlichen Jugendkongresses *Christival* und leitete diesen bis 2011. Im August 2007 wurde er zum Prädikanten der Evangelischen Kirche von Kurhessen-Waldeck ernannt. Seit 2008 arbeitete Werner an einer neuen Übersetzung der Bibel ins Deutsche. Im Juli 2010 wurde er zum Generalsekretär des CVJM gewählt und bekleidete dieses Amt bis März 2015. Darüber hinaus ist Werner Vorstandsmitglied des *Jerusalemsvereins im Berliner Missionswerk* und Vorstandsmitglied der *Evangeliumsgemeinschaft Mittlerer Osten (EMO)* in Wiesbaden. Seit 2018 ist er Vorsitzender des deutschen Zweigs der internationalen Lausanner Bewegung. Er ist als Buchautor und Referent tätig, veröffentlicht sprachwissenschaftliche Arbeiten zur Afrikanistik und Theologie, schreibt für christliche Zeitschriften und kuratierte im Jahr 2017 die Bibelausstellung *Unser Buch* zum Reformationsjubiläum in Augsburg und in Wittenberg. Werner hat in den 90er Jahren des zwanzigsten Jahrhunderts mehrere Gedichte verfasst, die vertont und in zeitgenössische Liedsammlungen aufgenommen wurden. Eine Sammlung seiner Gedichte, Gedanken und Gebete erschien im Jahr 2017 im Neukirchener Verlag unter dem Titel *Du legst die Hand mir auf die Schulter* mit Illustrationen von Miriam Gamper-Brühl. [W][R][A]

Wichert, A.F. von

A.F. von Wichert ist ein unbekannter Lieddichter, der wahrscheinlich im 18. bzw. 19. Jahrhundert lebte. Sein Morgenlied *Ich trete vor dein Angesicht, beim neuverjüngten Tageslicht* steht in der Sammlung *Herzenserhebungen in Morgen- und Abendandachten*, die der Historiker Johann David Erdmann Preuß (1785-1868) im Jahr 1816 in Berlin herausgeben hat. Es könnte sich bei dem Lieddichter um Albert Friedrich von Wichert handeln, der von Mai 1791 bis Juli 1862 lebte, als Regierungssekretär und Hofrat wirkte und in Königsberg in Ostpreußen verstarb. Eine Nachfrage bei der Familie von Wichert konnte keine Klärung herbeiführen. [R]

Wiegering, Kurt

Kurt Wiegering (* 15. Januar 1916 in Chile; † 24. Oktober 1991 in Freiburg/Br.) war ein deutscher evangelischer Pfarrer und Lieddichter. Er wurde als Sohn eines Kaufmanns geboren und verbrachte seine Jugendzeit in Zürich. Sein Theologiestudium absolvierter Wiegering an deutschen Universitäten und wurde in Jahr 1939 zum Kriegsdienst eingezogen. Um das Jahr 1949 wirkte er als Studentenpfarrer in Heidelberg und ab 1952 in der Evangelischen Gemeinde von Todtmoos im Schwarzwald, wo unter seiner Leitung die Planung und der Bau des heutigen Kirchenbaus erfolgte, der im Jahr 1956 eingeweiht wurde. In der 1946 in Göttingen von Friedrich Samuel Rothenberg (1910-1997) herausgegebenen Sammlung neuer geistlicher Gedichte, die unter dem Titel *Lob aus der Tiefe - Junge geistliche Dichtung* erschien, stehen sieben Beiträge von Wiegering. [R]

Wild, Robert

Robert Wild (* 15. Januar 1841 in Wermelskirchen/Rheinprovinz (Preußen); † 21. Februar 1928 in Mönchengladbach) war ein deutscher Pädagoge, Organist und geistlicher Lieddichter evangelisch-reformierter Konfession. Wild wurde als Sohn des Wirts und Bäckers Conrad Wild und seiner Frau Lisette, geb. Henkel, geboren. Vom Jahr 1857 war er Unterlehrer in Leichlingen und wechselte an die Schule von Meigen bei Solingen, wo er bis Mai 1858 blieb. Nachdem er die Gehilfenprüfung in Moers bestanden hatte, arbeitete er in Radevormwald, wo er sich auch zum Organisten ausbilden ließ. 1859 trat er in das Seminar in Moers ein, um seine Ausbildung als Lehrer abzuschließen und legte im Jahr 1861 die Prüfung ab. Hierauf arbeitete er an Schulen in Hasten und Remscheid und kehrte 1864 nach Wermelskirchen zurück, wo er eine Privat-Elementarschule gründete, die er bis zum Jahr 1868 leitete. Er heiratete am 29. April 1869 Anna Maria Auguste Berg, geb. in Wuppertal-Ronsdorf. Anschließend lebte er zehn weitere Jahre in Neuenhöhe und unterrichtete an einer einklassigen Schule mit 160 Kindern. Gleichzeitig versah er von 1875 bis 1917 die Stelle eines Organisten an der Evangelischen Stadtkirche in Wermelskirchen. Ein Hals- und Augenleiden zwang ihn, sich nach 27jähriger Tätigkeit pensionieren zu lassen. Anschließend gab er noch Privatunterricht und erlebte die Weltkriegszeit als Schulinspektor. Im Jahr 1919 zog er mit seiner Frau zu seiner ältesten Tochter nach Mönchengladbach, wo er 1928 verstarb und seine letzte Ruhestätte fand. Im Jahr 1892 gab er eine Sammlung geistlicher Lieder unter dem Titel *Trost und Freude in Psalmen* im Selbstverlag heraus. [R]

Willenberg, Karl-Heinz

Karl-Heinz Johannes Willenberg (* 18. Februar 1938 in Berlin) ist ein deutscher Pastor des Bundes Evangelisch-Freikirchlicher Gemeinden (Baptisten), sowie Lieddichter und -komponist. Er besuchte im Zeitraum zwischen 1945 und 1953 die Volksschule in Berlin-Lichtenberg, absolvierte anschließend bis 1956 eine Ausbildung zum Buchdrucker und arbeitete in dem erlernten Beruf bis 1965. Gleichzeitig besuchte er im zwischen 1961 und 1965 die Abendoberschule in Berlin-Lichtenberg, wo er das Abitur ablegte. Hieran schloss sich bis 1969 ein Studium am Theologischen Seminar des Bundes Evangelisch-Freikirchlicher Gemeinden (Baptisten) in Buckow/Märkische Schweiz an. Willenberg diente hierauf als Pastor verschiedenen Gemeinden seiner Kirche; er war bis 1975 in Bernau bei Berlin, bis 1983 in Eilenburg, bis 1996 in Magdeburg und schließlich bis zum Ruhestand im Jahr 2003 in Erfurt tätig. Er ist seit 1969 mit Gisela Willenberg, geb. Klaassen, verheiratet, hat mit ihr vier Söhne und lebt in Kassel. Er verfasste bisher etwa 30 geistliche Lieder, die u. a. in dem 1980 in Berlin veröffentlichten Gesangbuch *Gemeindelieder* des Bundes Evangelisch-Freikirchlicher Gemeinden in der DDR, in dem 1993 erschienenen Gesangbuch *Neue Gemeindelieder* des Bundes Evangelisch-Freikirchlicher Gemeinden, sowie in dem 2003 erschienenen Gesangbuch *Feiern und Loben* des Bundes Evangelisch-Freikirchlichen Gemeinden und in Liederbüchern des Hänssler-Verlags zu finden sind. Zu allen Liedern hat er sowohl den Text geschrieben als auch die Melodie komponiert. [R] [A]

Winckler, Johann Peter Siegmund

Johann Peter Siegmund Winckler, auch Sigismund bzw. Winkler (* 3. August 1702 in Ansbach/Fürstentum Ansbach; † 17. Januar 1780 in Stolberg) war ein deutscher evangelisch-lutherischer Pfarrer und Lieddichter. Winckler wurde als Sohn des Hutmachers Leonhard Siegmund Winckler und seiner Frau Apollonia Magen geboren und besuchte das Lyzeum seiner Vaterstadt. Anschließend studierte in Halle/Saale und Jena, erwarb dort im Jahr 1729 den Titel eines Magister legens und wurde im Jahr 1732 als Pfarrer in Gera ordiniert. Im selben Jahr heiratete er in erster Ehe Maria Dorothea Caroli († 1772), die Tochter eines Amtskollegen aus dem Ort Triebes, und hatte mit ihr zwischen 1733 und 1752 sieben Söhne und drei Töchter, darunter ein männliches Zwillingspärchen; eine Tochter starb am Tag der Geburt. Drei Söhne wurden Pfarrer. Nach dem Studium arbeitete Winckler als Hauslehrer und wurde im Jahr 1734 an den Hof von Wernigerode berufen, wo er das Amt eines Hofpredigers versah. Winckler stand in Gedankenaustausch mit dem Reichsgrafen Nikolaus von Zinzendorf (1700-1760); eine seiner ersten Amtsgeschäfte war, seinen Amtskollegen Johann Sigmund Ulitsch (1702-1762), der sich zum Pietismus bekannte und - zum Missfallen der Kirchenleitung - Hausbibel- und Gebetkreise durchführte, zurück in Amtskirche zu führen. Das dies - wenn überhaupt - nur mit mäßigem Erfolg gelang, zeigt die Tatsache, dass Ulitsch im Jahr 1730 vom Amt zurücktrat und als Hofprediger der Fürstin Sophie Karoline von Ostfriesland (1707-1764) nach Berum bei Aurich ging. Im Zeitraum zwischen 1736 und 1780 war Winckler Oberpfarrer, Superintendent und Pfarrer an der Kirche St. Martini in Stolberg und versah gleichzeitig das Amt eines Ersten Konsistorial-Assessors und Ersten Schulinspektors. Nach dem Tod seiner ersten Frau heiratete Winckler im Jahr 1773 Henriette Charlotte von Haacke (auch Haaken), die Tochter des Weißenfelser Schlosshauptmanns Christian Wilhelm von Haacke. Von Winckler sind derzeit vier geistliche Lieder bekannt, die im Schleswig-holsteinischen Gesangbuch von 1752, im *Neu-eingerichteten Stolbergischen Gesangbuch* von 1741 und im *Wernigerödischen Gesangbuch* von 1738 zu finden sind. [R]

Winkel, Helga

Helga Winkel (* 4. Januar 1926 in Stuttgart/ Volksstaat Württemberg; † 23. Februar 2016 in Villingen) war eine deutsche evangelisch-lutherische Diakonisse und geistliche Lieddichterin. Sie wurde von ihrer Mutter, einer Bankangestellten, zusammen mit einem älteren Bruder aufgezogen, wobei der Schwäbische Frauenverein mit seinem Kindergarten die alleinerziehende Mutter durch unentgeltliche Unterbringung der Kinder unterstützte. Helga, die ein großes Interesse an Literatur hatte, schrieb bereits mit zehn Jahren die ersten Gedichte. Nach ihrer Konfirmation wechselte sie von der Mittelschule auf die Hölderlin-Oberschule und legte dort das hauswirtschaftliche Abitur ab. Helga kam in der Endphase des 2. Weltkriegs mit den Schwestern der Aidlinger Diakonie in Kontakt, trat nach Kriegsende im Jahr 1947 in das Aidlinger Diakonissenmutterhaus ein und ließ sich in Kirchheim/Teck zur Krankenschwester ausbilden. Eine Kur in dem Haus Tannenhöhe in Villingen, zu der sie wegen einer bald darauf diagnostizierten Diabetes-Erkrankung gezwungen war, schenkte ihr die Muße, sich der Lyrik zuzuwenden. Bis ins hohe Alter verfasste sie geistliche Lieder, in sie in Ringbuchordnern sammelte und die von anderen Schwestern vertont wurden. In den Jahren zwischen 1956 und 1982 verfasste sie darüber hinaus Auslegungen biblischer Texte für Kinder. Bei ihrer literarischen Tätigkeit wurde sie von ihrer inzwischen pensionierten Mutter unterstützt, welche die Schreibarbeiten übernahm. Im Jahr 1971 wurde Helga Winkel als Gemeindekrankenschwester nach Stuttgart-Büsnau versetzt, wo sie die folgenden 15 Jahre Dienst tat. Ihren Ruhestand verbrachte sie - wie zuvor ihre Mutter - auf der Tannenhöhe in Villingen. Eine Auswahl aus ihren Gedichten erschien im Jahr 2017 in Holzgerlingen unter dem Titel *Herr, weil mich festhält deine starke Hand*. Der Nachlass wird von dem Diakonissenmutterhaus Aidlingen betreut. [B][R]

Wittig, Michael

Michael Wittig (*1961 in Marienberg/Sachsen) ist ein deutscher Musikwart, Komponist und Autor moderner geistlicher Lieder. Er wurde als elftes Kind des Schuhmachers Werner Wittig (* 1916, † 1991) und der Hauswirtschafterin Maria Wittig (* 1918, † 2003) geboren und ist evangelisch-lutherischer Konfession. Er besuchte die Martin-Anderson-Nexö-Schule in Marienberg und die Kreuzschule (heute Kreuzgymnasium) in Dresden. Im Zeitraum zwischen 1971 und 1978 war Wittig Mitglied im Dresdner Kreuzchor. Nach der Schulzeit absolvierte er von 1978 bis 1980 eine Ausbildung zum Bäcker in Marienberg und bis 1982 eine anschließende Qualifizierung zum Konditor in Chemnitz, worauf er ein Jahr in dem erlernten Beruf arbeitete. Im Zeitraum zwischen 1983 und 1986 ließ er sich an der Bibelschule Falkenberg/Mark, heute Theologisches Seminar Berlin, zum Prediger ausbilden. Im Jahr 1987 heiratet er Cornelia, geb. Trommer, und hatte mit ihr in den folgenden Jahren drei Kinder. Seit dem Jahr 1988 ist er Musikwart für die Saitenspielchöre des Sächsischen Gemeinschaftsverbandes und im *Gnadauer Saitenspieldienst* und leitete Gemeinschaftsstunden und Bibelstunden. Seine Kompositionen und Arrangements entstanden meistens im Rahmen seiner musikalischen Arbeit mit den Saitenspiel- und Sängerchören. Seine Werke wurden von namhaften Musikverlagen veröffentlicht, hierunten sind ca. 250 eigene Lieder, zu denen er auch die Melodien komponiert hat, 13 Kantaten für Kinder und Erwachsene, einige Vertonungen fremder Texte und ca. 100 rein instrumentale Stücke oder Bearbeitungen. Wittig lebt in Zschorlau/Erzgebirge. [R] [A]

Wolitz, Ulrike

Ulrike Wolitz (*1961 in Zusmarshausen/ Landkreis Augsburg) und ist eine promovierte Theologin, Seelsorgerin und Lyrikerin katholischer Konfession. Sie besuchte im Zeitraum zwischen 1967 und 1972 die Grundschule Dinkelscherben und danach das Maria-Theresia-Gymnasium in Augsburg, wo sie im Jahr 1981 das Abitur ablegte. Sie studierte anschließend an der Theologischen Fakultät Eichstätt und war nach dem Studienabschluss im Jahr 1992 bis 1998 wissenschaftliche Assistentin am Lehrstuhl für Dogmatik. Wolitz hat über das Werk der Benediktiner-Schriftstellerin →Silja Walter eine Dissertation verfasst. Im Zeitraum zwischen 2002 und 2011 war sie Sekretärin des heutigen Kardinals Kurt Koch (*1950). Seit dem Jahr 2011 arbeitete sie in der Seelsorgeeinheit Walensee in Bistum St. Gallen und war in Berschis und Tscherlach Pfarreibeauftragte. Mit Wirkung zum August 2019 wechselte sie als Spitalseelsorgerin nach Grabs und ist zusätzlich der Seelsorgeeinheit Werdenberg zugeteilt. Sie schreibt religiös-poetischen Bücher und geistliche Lyrik, die im Jahr 1990 unter den Titel *Was noch fehlt an Seinen Leiden* erschienen ist. Einige Texte sind bei Bergmoser & Höller in der Reihe *Image* verlegt worden. Wolitz betreut darüber hinaus die Ausgabe des Gesamtwerks der Schweizer Benediktinerin und Schriftstellerin →Silja Walter (1919-2011), das in zwölf Bänden im Paulusverlag herausgegeben wird. Das Leben dieser Dichterin wird auch in dem von Wolitz verfassten Buch *Dich kommen sehen und singen* behandelt, das 2019 im Paulus-Verlag erschienen ist. [R] [A]

Zeilinger, Johann

Johann Zeilinger (* 8. Dezember 1897 in Bonnhof/Mittelfranken im Königreich Bayern; † 12. Februar 1973) war ein deutscher Lieddichter und -komponist, dessen Texte in Gesangbüchern des jungen geistlichen Lieds zu finden sind. Zeilinger zog sich als Soldat im Ersten Weltkrieg eine schwere Gasvergiftung zu und war ab da behindert. Er fand im Jahr 1924 zum christlichen Glauben. In den Jahren 1943 bis 1945 wurde er nochmals eingezogen und geriet in amerikanische Kriegsgefangenschaft. Die Rechte seiner 5000 Gedichte liegen zum Teil beim Evangelischen Sängerbund von Wuppertal-Elberfeld. Ein Auszug seiner geistlichen Lieder erschien unter dem Titel *Tropfen aus dem Strom* um 1969. [R]

Zoller, Alfred Hans

Alfred Hans Zoller (* 6. Oktober 1928 in Neu-Ulm/Freistaat Bayern; † 14. Oktober 2006 in Neu-Ulm) war ein deutscher Komponist, Jazz-Pianist, Kantor und Organist evangelisch-lutherischer Konfession. Beruflich als Vertriebsleiter der Südwestpresse (*Ulmer Tageszeitung*) tätig, war Zoller ab dem Jahr 1956 fast 50 Jahre Organist und ab 1960 Kantor in der Kirchengemeinde in Reutti bei Neu-Ulm, deren Kirchenchor er im Jahr 1959 gegründet hatte. In den 60er und 70er Jahre gestaltete er, zusammen mit dem damaligen Pfarrer aus Reutti Gerhard Meier, der später Professor für Publizistik in Erlangen war, in Neu-Ulm unzählige Jugendgottesdienste. Im Jahr 1998 schuf er das Werk *Der Reuttier Altar*, das anlässlich des 500-Jahr Jubiläums dieses spätgotischen Flügelaltars entstand. Zoller suchte für jede Szene des Altars einen passenden Zwischentext im damals neu erschienenen Evangelischen Gesangbuchs und vertonte diesen in dreistimmigen Sätzen. Im Jahr 1994 übernahm er den kurz zuvor gegründeten Gospelchor St. Margret Singers. Beide Chöre leitete er bis wenige Monate vor seinem Tod. Für den Gospelchor schuf er unzählige eigene vierstimmige Sätze über bekannte Spirituals und Gospels. Sein bekanntestes Werk als Textautor ist das Lied *Stern von Bethlehem*; darüber hinaus vertonte er zahlreiche moderne geistliche Lieder oder schuf den Melodiesatz solcher Lieder. Er fand seine letzte Ruhestätte auf dem Friedhof von Reutti. [W][R]

Zutavern, Albert

Albert Zutavern (* 6. August 1877 in Pforzheim, † 16. Juli 1968) war ein deutscher Schriftsteller, Herausgeber und Verleger. Er wurde als Sohn einer Hugenotten-Familie geboren und war evangelischen Bekenntnisses, das durch den schwäbischen Pietismus geprägt war. Nachdem er zuerst den Kaufmannsberuf erlernt hatte, trat er der Allianz-China-Mission der Methodistischen Kirche bei. Er heiratete 1902 Lina Denninger, eine Diakonisse, die ihm vier Kinder schenkte. Zutavern gründete in Pforzheim eine evangelische Buchhandlung, die zwischen 1911 und 1929 bestand. Als Prediger wirkte er darüber hinaus in vielen Teilen Deutschlands, auch in der Zeltmission. Nach dem Zweiten Weltkrieg schloss er sich im Jahr 1950 der Freien evangelischen Gemeinde in Sachsen an und wirkte in den Gemeinden von Mittweida und Frankenberg. Nachdem seine Frau verstorben war, heiratete er Gertrud Schmutzler, die ebenfalls vor ihm starb. Von Zutavern liegen Erbauungsbücher sowie Veröffentlichungen zu theologischen Themen vor. Im Jahr 1912 erschien *Es ist alles neu geworden! oder die Herrlichkeit des neuen Lebens in Christo.* Darüber hinaus gab er eine Heftreihe heraus, in der Vertonungen geistlicher Lieder vorgestellt wurden. Für diese Veröffentlichungen gründete er den *Albert-Zutavern-Verlag* mit Sitz in Pforzheim, in dem auch Werke weiterer Autoren herausgegeben wurden. Von seinen eigenen geistlichen Liedern ist *Wenn des Heilandes Klopfen* bekannt geworden und wird bis heute in christlichen Anthologien und Internetforen berücksichtigt. Sein Lied *Kinder des Höchsten auf Erden* findet sich im Liederbuch des *Deutschen Verbandes der Jugendbünde für entschiedenes Christentum (EC)*, das im Jahr 1954 in Kassel unter dem Titel *Jugendbund-Lieder* erschienen ist. Eine Sammlung seiner Lieder wurde im Jahr 1898 in Pforzheim im eigenen Verlag unter dem Titel *Gott ist mein Heil* herausgegeben. [R]

Quellangaben

Hier werden zusätzliche Quellen aufgelistet

Angerer, Johann Georg
Richter, Gottfried Lebrecht – Allg. biographisches Lexikon alter Kirchenlieddichter, Leipzig, 1804

Autorenkollektiv Münsterschwarzach
Evangelisches Gesangbuch (EG) - Regionalteil Württemberg, Stuttgart, 1996

Baltes, Guido
Feiern und Loben, Holzgerlingen, 2003

Baumann, Michael
Wetzel, Johann Caspar-Analecta hymnica, Band 1, Gotha, 1752

Berg, Klaus
Meyer, Dietrich (Hrsg.) - Das neue Lied im Evangelischen Gesangbuch, Düsseldorf, 1997

Bernoulli, Hans
Meyer, Dietrich (Hrsg.) - Das neue Lied im Evangelischen Gesangbuch, Düsseldorf, 1997

Beyling, Hans
Unser Lied, Leipzig, 1928

Bogdahn, Martin
Evangelisches Gesangbuch (EG) - Regionalteil Württemberg, Stuttgart, 1996

Bonacker, Matthäus
Richter, Gottfried Lebrecht – Allg. biograph. Lexikon alter Kirchenlieddichter, Leipzig,1804

Bonhoeffer, Johann Friedrich
Richter, Gottfried Lebrecht – Allg. biographisches Lexikon alter Kirchenlieddichter, Leipzig, 1804

Braun, Caroline
Schneider, Johann Jakob - Die christlichen Sänger des 19 Jahrhunderts, Basel, 1847

Brodbeck, Ulrike
Ev. Kirche der Pfalz: Chorheft für 1952 bis 2020

Buchner, Kurt Oskar
Mach das Herz uns weit, Göttingen, 1988

Christlein, Walter
Kleines Nachschlagewerk zum Evangelischen Gesangbuch RT Bayern/Thüringen, München, 1993

Depuhl, Patrick
Feiern und Loben, Holzgerlingen, 2003

Eck, Johann Gottfried
Richter, Gottfried Lebrecht – Allg. biographisches Lexikon alter Kirchenlieddichter, Leipzig, 1804

Eltermann, Peter
Feiern und Loben, Holzgerlingen, 2003

Fabricius, Justus Friedrich Erdmann
Richter, Gottfried Lebrecht – Allg. biograph. Lexikon alter Kirchenlieddichter, Leipzig,1804

Falkenroth, Christina
Ev. Kirche der Pfalz: Chorheft für 1952 bis 2020

Fickert, George Friedrich
Eberlein, Hellmut - Lobgesänge in der Nacht, München, 1954

Flad, Christian Rudolf
Philadelphia-Lieder der Altpietistischen Gemeinschaft, Stuttgart, 1930

Franck, Gustav
Schneider, Johann Jakob - Die christlichen
Sänger des 19 Jahrhunderts, Basel, 1847

Fritzsche, Gerhard
Evangelisches Gesangbuch (EG) - Regionalteil
Württemberg, Stuttgart, 1996

Gambs, Christoph Karl
Christliches Gesangbuch zur Beförderung öffentlicher u. häuslicher Andacht für Bremen

Gamersfelder, Hans
Richter, Gottfried Lebrecht – Allg. biogr. Lexikon alter Kirchenlieddichter, Leipzig, 1804
Informationen vom Stadtarchiv und Stadt-
museum von Burghausen

Gebhardt, Carl Martin Franz
Richter, Gottfried Lebrecht – Allg. biographi-
sches Lexikon alter Kirchenlieddichter,
Leipzig, 1804

Gere., Dan.
Die Untersuchung wurde dankenswerter-
weise unterstützt durch Dr. Hans-Otto Korth,
Kassel

Goes, Siegfried
Lob aus der Tiefe, Göttingen, 1946

Gottschick, Friedemann
Wer ist Wer im Gesangbuch, Göttingen, 2001

Groß, Carsten
Feiern und Loben, Holzgerlingen, 2003

Gutbrod, Gottlob
Philadelphia-Lieder der Altpietistischen Gemeinschaft, Stuttgart, 1930

Heisler, Helge
Gesangb. der Ev. Brüdergem., Bad Boll, 2007

Heller, Adolf
Philadelphia-Lieder der Altpietistischen Gemeinschaft, Stuttgart, 1930

Hemmann, Katharina
Schneider, Johann Jakob - Die christlichen
Sänger des 19 Jahrhunderts, Basel, 1847

Hermann, Gottfried
Richter, Gottfried Lebrecht – Allg. biographi-
sches Lexikon alter Kirchenlieddichter,
Leipzig, 1804

Hesselbart, Johann Martin
Wetzel, Johann Caspar-Lebensbeschreibung
Nachträge, Herrnstadt, 1724

Hettler, Konrad
Riehm, Heinrich - Die Verfasser der Texte
und Melodien im Anhang 77, Heidelberg,
1984

Hildebrandt, Balthasar
Geistliche Lieder der evangelischen Kirche, 1.
Band, Braunschweig, 1858

Hügel, Johann Zacharias
Richter, Gottfried Lebrecht – Allg. biogr. Lexikon alter Kirchenlieddichter, Leipzig, 1804

Jagode, Norbert
Feiern und Loben, Holzgerlingen, 2003

Jetter, Armin
Gesangb. der Ev. Brüdergem., Bad Boll, 2007

Jöcker, Detlev
Kleines Nachschlagewerk zum Ev Gesangbuch RT Bayern/Thüringen, München, 1993

Josephson, Ludwig
Koch, Eduard Emil - Geschichte des Kirchenlieds Band 3b, Stuttgart, 1853

Quellangaben

Keller, Ludwig
Riehm, Heinrich - Die Verfasser der Texte u. Melodien im Anhang 77, Heidelberg, 1984

Klaiber, Annegret
Patmos-Lieder, Möttlingen, 1960

Klaiber, Christoph
John Wesley - Über allem die Liebe, Ein Brevier, Göttingen, 2013

Klapproth, Erich
Lob aus der Tiefe, Göttingen, 1946

Kremzow, Michael
Ev. Kirche der Pfalz: Chorheft für 1952 bis 2020

Krenz, Friedhelm
Feiern und Loben, Holzgerlingen, 2003

Lal, Uwe
Feiern und Loben, Holzgerlingen, 2003

Lazay, Ursula
Evangelisches Gesangbuch (EG) - Regionalteil Württemberg, Stuttgart, 1996

Lupin, Christoph Matthias
Wetzel, J. C.-Analecta hymnica, Bd. 2, Gotha, 1753

Lütkens, Johann Hinrich
Nikolaus Joachim Evers: Sammlung geistlicher Lieder, Band 3, Hamburg, 1818

Lutz, Meie
Gesangb.der Ev.-ref. Kirchen Schweiz, Zürich, 1998

Macht, Siegfried
Gesangb. der Ev. Brüdergem., Bad Boll, 2007

Martini, Franz
Richter, Gottfried Lebrecht – Allg. biogr. Lexikon alter Kirchenlieddichter, Leipzig, 1804

Meyer, Karl Heinz
Lob aus der Tiefe, Göttingen, 1946

Mitscha-Eibl, Claudia
Evangelisches Gesangbuch (EG) - Regionalteil Württemberg, Stuttgart, 1996

Möller, Stephan
Feiern und Loben, Holzgerlingen, 2003

Müller, Ernst
Pfeiffer, Christoph - Bethender Christen Evangel. Sabbath, Breslau u. Leipzig, 1719

Müller, Johann Peter
Unser Lied, Leipzig, 1928

Peithmann, F.G.
Johannsen, Johann Friedrich - Historisch-Biographische Nachrichten, Schleswig und Leipzig, 1802

Petri, Johann Michael
Wetzel, J. C.-Analecta hymnica, Bd. 2, Gotha, 1753

Petzold, Johannes
Riehm, Heinrich - Die Verfasser der Texte und Melodien im Anhang 77, Heidelberg, 1984

Reinhart, Henrich
Wetzel, Johann Caspar-Lebensbeschreibung J-R, Herrnstadt, 1721

Rhein, Matthias
Feiern und Loben, Holzgerlingen, 2003

Quellangaben

Rößler, Martin
Evangelisches Gesangbuch (EG) - Regionalteil
Württemberg, Stuttgart, 1996

Ruopp, Johann Friedrich
Historische Nachricht vom Brüder-Gesangbuche des Jahres 1778, Gnadau, 1851

Schultz, Georg Friedrich Wilhelm
Blätter für Hymnologie, 1894, Kahla, 1894

Sporleder, Christoph August
Koch, Eduard Emil - Geschichte des Kirchenlieds Band 4, Stuttgart, 1868

Šurman, Bedrich
Gesangb. der Ev. Brüdergem., Bad Boll, 2007

Syberberg, Rüdiger
Lob aus der Tiefe, Göttingen, 1946

Traub, Friedrich
Unser Lied, Leipzig, 1928

Vinzelberg, Joachim
Gott sei Dank - Der Münstedter Pastor
Joachim Vinzelberg, Peine, 2017

Wiegering, Kurt
Lob aus der Tiefe, Göttingen, 1946

Willenberg, Karl-Heinz
Kleines Nachschlagewerk zum Ev. Gesangbuch RT Bayern/Thüringen, München, 1993

Winckler, Johann Peter Siegmund
Johannsen, Johann Friedrich - Historisch-Biographische Nachrichten, Schleswig und Leipzig, 1802

Winkel, Helga
Evangelisches Gesangbuch (EG) - Regionalteil
Württemberg, Stuttgart, 1996

Zoller, Alfred Hans
Riehm, Heinrich - Die Verfasser der Texte und Melodien im Anhang 77, Heidelbg., 1984

Veröffentlichungen

Bereits erschienen

Jesu, geh voran
Bücher mit geistlichen Liedern
und Kirchengesängen
für das Kirchenjahr

erschienen 2019
ISBN: 978-3-7392-4791-5

19,90 € - erhältlich in jeder Buchhandlung

Junger Tag
Geistliche Morgenlieder
aus fünf Jahrhunderten

erschienen 2019
ISBN: 978-3-7494-3758-0

19,90 € - erhältlich in jeder Buchhandlung

Nacht aus Licht
Geistliche Abendlieder
aus fünf Jahrhunderten

erschienen 2020
ISBN: 978-3-7504-7001-9

19,90 € - erhältlich in jeder Buchhandlung

Bald wird der Himmel purpur glühen
500 Adventslieder aus 5 Jahrhunderten

erschienen 2020
ISBN: 978-3-7519-5260-6

19,90 € - erhältlich in jeder Buchhandlung

Wo wir den Himmel offen sehen
Lieder und Gedichte
zur Weihnachtszeit

erschienen 2020
ISBN: 978-3-7526-8750-7

19,90 € - erhältlich in jeder Buchhandlung

Der Autor:

Joachim Scherf wurde im Jahr 1956 als ältester Sohn des Versicherungsangestellten Alfred Scherf und der Sekretärin Margarete Scherf, geb. Schneck, in Wiesbaden geboren. Nach dem Besuch zweier Grundschulen zwischen 1963 bis 1967 wechselte er an das Gymnasium Oranienschule in Wiesbaden und wählte dort 1973 den sprachlichen Zweig. Im Jahr 1971 wurde er in der evangelischen Bergkirche von Pfr. Lic. Walther Hunzinger konfirmiert. Im Jahr 1975 erwarb Scherf die Allgemeine Hochschulreife und leistete bis zum Jahr 1977 den Zivildienst in der Krankenhausverwaltung der Diakoniegemeinschaft Paulinenstift in Wiesbaden. Im April 1977 immatrikulierte er sich an der Johann-Wolfgang-Goethe-Universität in Frankfurt am Main und studierte bis zum Jahr 1982 Neuere deutsche Literaturwissenschaft, Ältere Germanistik und Mittlere und Neuere Kunstgeschichte. Das Studium wurde im Juni 1982 mit dem Magistertitel und einer Arbeit über Thomas Bernhard abgeschlossen. Zwischen 1983 und 2016 arbeitete Scherf in einer Sozialkasse in Wiesbaden als Verwaltungsangestellter. Im Jahr 1991 heiratete er und hat seit 1997 eine Tochter. Scherf war Mitglied der Kirchenvorstände der Bergkirche in Wiesbaden und der Erlösergemeinde in Wiesbaden-Dotzheim. Besonderes Interesse besteht an theologischen Themen und hier im speziellen an der Hymnologie, der Wissenschaft vom Kirchenlied und der Gesangbuchgeschichte. Seit 2006 sammelt er Kirchengesangbücher und Werke geistlicher Lieddichter und erforscht die Lebensläufe der Autoren. Hierfür steht er in Kontakt mit Kirchen-, Staats- und Stadtarchiven, Kirchengemeinden und Heimatforschern. Scherf ist Mitglied der Internationalen Arbeitsgemeinschaft für Hymnologie (IAH) in Bern/ Schweiz und Mitglied im Verein Deutsche Sprache (VDS).